e-Learning desde Cero

Descubre cómo ser un docente online

Título de la obra: *e-Learning desde Cero. Descubre cómo ser un docente online.*

1º Edición en Español 2016.

Autora: *Ana Rosiris Castro Méndez.*

Email autora: *info@elearningfacil.com*

Edición: *e-Learning Fácil - www.elearningfacil.com*

Maquetación: *Rosiris.com - www.rosiris.com*

Diseño de portada: *Rosiris.com / Jossis Hernández.*

ISBN-13: 978-1530059416

ISBN-10: 1530059410

La autora

Me llamo Ana Rosiris Castro nací en Venezuela actualmente estoy afincada en Cádiz al sur de España.

Soy diseñadora, consultora y docente, especialista en e-Learning, comercio electrónico y diseño web.

Desde el 2004 trabajo como freelance en “Consultoría Web Rosiris.com”.

En 2014 puse en marcha mi escuela online “e-Learning Fácil”.

En mi formación cuento con un Master en e-Business (España), un Master en Community Manager (España) y una Licenciatura en Administración de Empresas de Diseño (Venezuela). He realizado cursos especializados de Experto en e-Learning y Formador de Formadores.

Soy autora y profesora varios cursos online:

- E-Learning para Tutores Online de Certificados de Profesionalidad.
- Moodle "Cómo crear cursos online".
- Cómo Crear Evaluaciones y Cuestionarios en Moodle 2.
- ¿Cómo vender con una tienda online?.
- Vender más en internet “Plan Vende Más”.
- Diseño de banners con Photoshop.

Adoro la libertad de trabajar como freelance porque puedo desarrollar los proyectos que tengo en mente, al mismo tiempo que compatibilizo mi vida profesional y personal.

Dedicatoria

Enseñar es una actividad gratificante, motivadora e ilusionante.

Este libro lo escribí con mucha ilusión, con la motivación de que quién lo leyera pudiera entender cómo sus conocimientos pueden llegar a los lugares más remotos del mundo. Siendo aprendidos por personas que no conocen personalmente. Utilizando herramientas tecnológicas fáciles de usar y metodologías que hicieran posible el aprendizaje e-Learning.

Quiero dedicarlo a todas las personas que enseñan y quieren aprender cómo hacerlo.

A quienes han colaborado para que este libro sea hoy una realidad. En especial a Rosaura mi madre que me motiva, hace que crea en mí y de la que aprendí el amor por la enseñanza.

A mi hija Dani que me tiene mucha paciencia, me apoya incondicionalmente y me quiere sin límites. Ella me enseña el hermoso mundo del aprendizaje infantil mientras juntas nos divertimos.

A Manuel que cree en mí y me ofrece libertad para desarrollar mis proyectos.

A mi padre que siempre me apoyó y me inculcó que podía lograr cualquier cosa que me propusiera. Sabía que estaba "sembrando" y estaría muy feliz de saber que he finalizado mi primer libro.

Contenido

Para que nos entendamos…

Este libro está escrito con mucho cariño, pensado para que cualquier persona de habla hispana pueda obtener los conocimientos necesarios para convertirse en un tutor online.

No sé dónde te encuentras ahora, ni dónde te criaste. Sé que entiendes español - castellano porque estás leyendo este libro. Sin embargo, en este idioma hay muchas palabras diferentes para referirse a lo mismo. He querido usar diversidad de términos para que los conozcas y así puedas entender de e-Learning a pesar de los regionalismos que tiene nuestro idioma.

Por ello antes de que avances en el libro quiero dejarte un listado de sinónimos que utilizo en este libro:

- e-Learning = teleformación = ((formación = educación = aprendizaje) + (online o en línea o virtual)).
- (Tutor o formador o docente o capacitador = facilitador) + (online o en línea o virtual).

1. El e-Learning hoy

"Es un curso interesante, donde pueden aprender las pautas a seguir para una correcta tutorización"

Montserrat Banciella Rodríguez. España.

Testimonio de una de nuestras alumnas.

La gran disposición de dispositivos electrónicos como ordenadores, tabletas, móviles inteligentes, así como el fácil acceso a internet, permite que la educación dé un paso acelerado hacia el e-Learning.

"Se denomina ***aprendizaje electrónico*** *(conocido también por el anglicismo* ***e-Learning****) a la* ***educación a distancia completamente virtualizada a través de los nuevos canales electrónicos (las nuevas redes de comunicación, en especial Internet), utilizando para ello herramientas o aplicaciones de hipertexto (correo electrónico, páginas web, foros de discusión, mensajería instantánea, plataformas de formación que aúnan varios de los anteriores ejemplos de aplicaciones, entre otras) como soporte de los procesos de enseñanza-aprendizaje.*** *En un concepto más relacionado con lo semipresencial, también es llamado b-Learning (blended learning)"* Wikipedia (2015).

El e-Learning también es conocido como teleformación, aprendizaje electrónico, formación virtual, formación online, e-training, capacitación en línea, formación en línea, educación virtual o teleaprendizaje. La gran variedad de términos referente a esta clase de aprendizaje se debe a que cada país o sector adapta la traducción del término para que se entienda lo mejor posible según la cultura.

Enseñanza tradicional vs e-Learning

La plataforma y los contenidos

Desde un punto de vista técnico la formación e-Learning está compuesta por dos partes: la plataforma de formación y el contenido. La plataforma es el lugar en el cual los alumnos asisten para recibir las clases; mientras que los profesores asisten para impartirlas. Este espacio dispone de las herramientas necesarias para impartir el contenido y evaluar a los alumnos, así como permitir la comunicación entre ambas partes. Su equivalente en la formación presencial sería el aula de clase donde asisten los alumnos y profesores.

La otra parte fundamental para la formación e-Learning son los contenidos, la información que se va a impartir. Los contenidos tienen diferentes presentaciones. Pueden ser PDFs, vídeos, multimedia interactiva, evaluaciones, etc., mientras que en la educación presencial generalmente se entregan materiales impresos, tales como guías, cuaderno de apuntes, ejercicios, etc.

Otra de las diferencias es que generalmente en el e-Learning el material didáctico debe estar diseñado, expuesto y procesado por un personal técnico. En ocasiones es complicado adaptar los contenidos a un grupo determinado de alumnos, esto fomenta que el contenido sea homogéneo cuando el alumno lo revisa. Por el contrario, en la educación presencial, el contenido es en muchas ocasiones individualizado y depende de la relación entre el docente y el grupo que se atiende.

Coste de desarrollo de la formación

Un factor clave a favor del e-Learning es el bajo costo de impartir una clase tanto a grupos pequeños como grandes. En la educación tradicional los costos son altos porque se debe pagar la presencia física de un profesor, el aula de clases, los desplazamientos, los materiales, etc.

El alumno y los contenidos

Un punto diferenciador entre las dos modalidades es que en el aula de clases, el alumno no tiene posibilidad de contrastar la información mientras el profesor la proporciona (a menos que la dinámica de la clase permita dicha búsqueda). Mientras que en el e-Learning, a medida que se visualiza el contenido, el alumno tiene la opción de conseguir material relacionado en la web. De hecho, el tutor también puede agregar información complementaria para enriquecer el aprendizaje. Por lo que el alumno puede contrastar, equiparar y hasta juzgar el material a medida que se le imparte.

Herramientas y recursos

En el e-Learning las plataformas de formación tienen diferentes herramientas de comunicación dependiendo de la modalidad, ya sea sincrónica o asincrónica. En la interactividad en la clase presencial se utiliza el "cara a cara".

Las herramientas sincrónicas

Permiten una comunicación en tiempo real entre el alumno y el tutor. Son muy motivadoras, siempre y cuando la parte técnica funcione correctamente y los horarios entre ambas partes coincidan.

Algunos ejemplos de estas herramientas son: el chat, la videoconferencia y la pizarra virtual.

Las herramientas asincrónicas.

Tienen la gran ventaja de no requerir que el estudiante y el docente coincidan en el tiempo para establecer la comunicación.

Algunos ejemplos de estas herramientas son: el foro, el email y el blog. Estas herramientas estimulan la motivación del alumno porque el contenido es flexible y promueve la interacción.

Lugar de impartición

Un punto diferenciador entre ambas modalidades es que el aprendizaje presencial se limita a quienes puedan asistir a un lugar en un momento determinado. Por lo general el conocimiento se limita a lo que imparte el docente y los apuntes que toma el alumno durante la clase.

En el e-Learning, la barrera espacio temporal se derrumba haciendo más accesible la información. El alumno tiene la posibilidad de acceder a las lecciones cuantas veces quiera, y habitualmente los contenidos se amplían con material complementario.

La formación presencial tiene una limitación física, es decir, el aula de clases puede albergar un número determinado de alumnos.

El número de alumnos que puede recibir la formación e-Learning es ilimitado y accesible desde cualquier parte del mundo, ya que el acceso es vía internet. La disponibilidad de la formación puede verse afectada por las características de las herramientas tecnológicas que utilice el alumno.

Evaluaciones

En cuanto a las evaluaciones, en la educación presencial generalmente el alumno debe esperar a que el profesor compruebe su evaluación para conocer los resultados. En el e-Learning, dependiendo del tipo de evaluación el alumno puede recibir inmediatamente el resultado de su evaluación. Además, habitualmente el alumno dispone de un informe con el estado de las evaluaciones de su formación.

Ventajas del e-Learning

La educación e-Learning supone numerosas ventajas con respecto a la educación tradicional.

Reducción de costes

La educación en línea no supone gastos de traslado, alquiler de aulas, impresión de materiales, y si bien es cierto que existe un gasto inicial para el desarrollo e implementación de contenido en la plataforma formativa, este se realiza en una sola ocasión y cuando el curso está desarrollado se puede impartir todas las veces que se desee por un coste ínfimo. Esta cualidad lo hace sumamente atractivo tanto para los alumnos, como para las empresas y centros de formación que deciden implementar el e-Learning y así optimizar costes.

Disponibilidad en varios idiomas

En el caso de la formación online es relativamente sencillo disponer de los contenidos en varios idiomas. Dependiendo del tipo contenido, sólo se necesitará la traducción de los mismos y unas adaptaciones técnicas. Esta facilidad permite un mayor alcance con un menor coste. En el caso de un curso presencial, la posibilidad de impartir la formación en otro idioma requeriría que el docente maneje a la perfección otra lengua o que se contrate a un traductor simultáneo por lo cual aumentarían notablemente los costes.

Participación desde cualquier parte del mundo

Gracias a que este tipo de formación está disponible en internet, se puede acceder a la formación en cualquier momento. Se eliminan las típicas limitaciones del horario de una clase presencial. La formación e-Learning se adapta a las necesidades del estudiante. Da igual si el profesor y el alumno tienen diferentes husos horarios o si viven en diferentes países. Se elimina la necesidad del traslado por parte de alumnos o docentes hacia espacios educativos físicos para enseñar y aprender.

Gestión del conocimiento

Si la plataforma de formación cuenta con las herramientas adecuadas, el alumno llevará un seguimiento de su progreso. Al mismo tiempo, el profesor llevará un monitoreo permanente del progreso de los estudiantes. Pudiendo comunicarse con ellos en todo momento.

Rápida actualización de conocimientos

Las plataformas de formación e-Learning permiten actualizar los contenidos didácticos. Obviamente, esto depende del diseño del contenido pero, a menudo tan solo requiere cambiar un módulo por otro más actualizado. A menos que el nuevo material se configure para que sea visto a partir de una fecha o condición determinada, el mismo estará disponible de inmediato para el alumno.

Herramientas tecnológicas avanzadas

Desde que el internet llegó a nuestras vidas, se han creado un sin número de herramientas cada vez más útiles. El aprendizaje en línea no queda exento de este proceso.

Cada día, gracias a estos avances tecnológicos, e-Learning se "humaniza" con nuevas herramientas que permiten una mayor interacción y comunicación en tiempo real, lo que hace que tanto estudiantes como capacitadores se sientan motivados.

Trabajo colaborativo

El e-Learning permite realizar trabajo colaborativo de forma remota. Para realizarlo se necesita una plataforma con herramientas colaborativas.

Desventajas del e-Learning

A pesar de la gran cantidad de ventajas que tiene el e-Learning con respecto al aprendizaje tradicional, también tiene algunas desventajas tales como:

Necesidad de conocimientos técnicos y acceso a tecnología

Para recibir formación e-Learning es necesario tener acceso y conocer cómo utilizar un ordenador (computador), tablet o móvil a nivel usuario, contar con un mínimo de conocimientos técnicos. También es necesario poseer conocimientos básicos sobre internet y gozar de una velocidad de navegación que permita realizar la formación fluidamente.

Desmotivación y autogestión del conocimiento

La formación e-Learning requiere por parte del alumno grandes dosis de automotivación y autogestión. Los estudiantes que requieran atención personalizada y supervisión constante podrían sentirse frustrados e incluso decidir abandonar la formación. Por lo tanto, en el caso de cursos tutorizados, la función del capacitador es primordial para ayudar a los alumnos a realizar un motivador proceso de aprendizaje y ayudarles completar la formación.

Necesidad de desarrollo de contenidos

Con respecto a los docentes. El desarrollo de contenidos para e-Learning puede llegar a ser abrumador si no se cuenta con los conocimientos técnicos adecuados y con un equipo de trabajo que combine la pedagogía con la tecnología.

Homogenización de contenidos

Cuando se imparte una clase presencial se tiene mayor flexibilidad para adaptar el contenido al público asistente; mientras que en el e-Learning esto es más complejo debido a la falta de contacto previo a la formación. Así que se puede caer en la homogenización de contenidos, es decir, impartir el mismo material sin realizar variaciones, ni siquiera cuando el grupo tiene diferentes necesidades.

¿Qué diferencia al alumno e-Learning?

La formación e-Learning no es para todos. El alumno que está interesado en adentrarse en este tipo de aprendizaje debe contar con un cierto perfil que le permita realizar los estudios. En primer lugar, debe contar con el tiempo para su formación ya que necesitará ver el contenido, realizar tareas, evaluaciones y actividades. Por lo tanto, debe ser autónomo en su proceso de aprendizaje ya que deberá fijar su propio horario de estudio y tiempo de dedicación. Si bien es cierto que contará con un tutor que lo acompañará en el proceso, este no será el encargado de que el alumno realice sus tareas.

El estudiante e-Learning también debe tener acceso a internet, conocer cómo funciona el dispositivo a través del cual recibirá la formación.

Se recomienda que el estudiante sea una persona participativa, para que aproveche las posibilidades que le ofrece el e-Learning, por ejemplo, participando en foros, videoconferencias y actividades colaborativas.

El B-learning

Ahora bien, existen modalidades que integran la formación presencial y la online. Estamos hablando del Blended learning o B-learning.

Esta es una excelente opción cuando se necesita a un profesor de forma presencial solo durante una parte del proceso de aprendizaje. Pudiéndose realizar el resto de la formación en modalidad online.

Autoevaluación 1

1. Mencione las ventajas del e-Learning sobre la educación presencial
2. Indique las desventajas del e-Learning sobre la educación presencial
3. Describa un ejemplo de un curso en el que sea conveniente usar el blended learning.

2. El formador o tutor

"Es un curso interesante con muchas referencias útiles"

Carmen Díaz González

Testimonio de una de nuestras alumnas.

Roles del tutor-formador

Antes de empezar a impartir formación online, te recomiendo haber sido alumno en dicha modalidad. Así podrás vivir la experiencia de realizar un curso virtual y percatarte lo que experimentan tus alumnos. Te darás cuenta que la formación e-Learning va más allá del simple hecho de entrar en una plataforma. Los alumnos tendrán dudas, necesitarán explicaciones en temas técnicos, estímulos para seguir y autoevaluarse sinceramente y, si antes fuiste alumno de esta modalidad, será más sencillo estar preparado para orientar a tus alumnos al respecto.

El alumno que participa en una formación e-Learning, puede verse desmotivado y por lo consiguiente abandonar la formación. Por esto, si vas a desempeñar el rol de tutor-formador online vas a requerir tener habilidades y competencias en los tres ámbitos:

Ámbito académico - pedagógico

El tutor debe tener una formación académica – pedagógica como docente, que lo haga capaz de diseñar y ejecutar formaciones online siguiendo una metodología didáctica apropiada, no es un mero respondedor de preguntas en un foro o una red social.

Si eres un docente presencial, estarás acostumbrado a las características que tiene la formación presencial, y actuarás de acuerdo a lo que conoces. Sin embargo, estás formándote para ser tutor online, por lo que debes enfocarte en las estrategias didácticas convenientes en un entorno e-Learning.

Por las propias características del e-Learning el tutor-formador necesitará conocer:

- Técnicas de trabajo individual para ayudar en la autonomía del aprendizaje.
- Técnicas de trabajo colaborativo para ayudar en la interacción entre alumnos y profesores.
- Herramientas y técnicas de formación online, actualizados periódicamente, para aprovechar al máximo esta modalidad educativa.
- Métodos que le permitan guiar al alumno a un aprendizaje por resultados, y no en una simple visualización de contenidos online, ya que gran parte del aprendizaje e-Learning es un aprendizaje autónomo.

Ámbito técnico

Se refiere a los conocimientos técnicos necesarios para impartir una formación que utilice herramientas tecnológicas. Por conveniencia y necesidad de acción, un tutor-formador online o virtual debe ser una persona dada a la tecnología, ya que internet será el medio que utilizará para dar la formación a sus alumnos. No es necesario que conozcas todas las herramientas online que existen en la web, solo que te manejes con soltura en el medio online.

Estos son los conocimientos que deberías tener para ser un tutor-formador e-Learning:

- **Manejo con fluidez de medios para la comunicación** tales como: chat, videoconferencia, foros, email, etc. De este modo podrás comunicarte eficientemente con tus alumnos para motivarlos, guiarlos y evaluarlos.
- **Manejo de plataformas y herramientas e-Learning**. No es necesario que como tutor-formador conozcas todas y cada una de las plataformas existentes en el mercado, eso sería algo imposible, y no es necesario.

Pero si deberías conocer el manejo avanzado de la plataforma de formación que vayas a utilizar, así como las herramientas e-Learning que te proporcione dicha plataforma.

- **Manejo de herramientas que te permitan diseñar contenidos.** Antes de desarrollar cualquier contenido el equipo de análisis y planificación realiza un análisis previo de necesidades formativas. Luego se planifica cómo y quién, diseñará y desarrollará los contenidos. Por ello es recomendable que sepas utilizar algunas de estas herramientas.

El equipo docente se encarga de diseñar los contenidos (cursos, talleres, evaluaciones, etc.). Para ello puede usar herramientas de ofimática básica, tales como, un procesador de texto (Word), diseñador de presentaciones (PowerPoint), etc. También puede utilizar herramientas de autor, que son específicamente para el diseño de contenidos e-Learning (Captivate, etc.). El uso de una u otro tipo de herramienta dependerá en gran medida del conocimiento que tenga el docente y la planificación previa.

Ámbito social

Se refiere a los aspectos sociales, de interacción que necesitarás como tutor-formador e-Learning para mantener a tus alumnos motivados y participativos.

En el ámbito social del perfil de un tutor-formador e-Learning tenemos que tener en cuenta que él será el guía en el proceso de aprendizaje. A él acudirán los alumnos cuando tengan un problema, una duda o necesiten apoyo.

Este ámbito lo podemos agrupar en tres aspectos:

- **Empatía,** respeto y motivación: en la formación e-Learning los alumnos y los profesores pueden estar en lugares, condiciones sociales y culturas muy diferentes. El tutor-formador debe tener la capacidad de tratar con

respecto a todos por igual. Deberá ponerse en el lugar de cada uno de sus alumnos, entender sus necesidades y motivarlos, de modo que puedan realizar exitosamente el proceso de aprendizaje de principio a fin.

- **Comunicación y disponibilidad:** no existe nada más desmotivador para un alumno cuando, por ejemplo, en un foro realiza una pregunta y se encuentra sin respuesta, o la respuesta la recibe con tardanza. Lo mismo sucede cuando comienza su formación y no recibe ninguna bienvenida o durante el transcurso de un curso nadie se pone en contacto con él. El tutor-formador debe ser una persona que esté disponible para atender a sus alumnos, tener una comunicación fluida con sus alumnos. Y hacer que los estudiantes se sientan acompañados y atendidos durante la formación.
- **Trabajo remoto y colaborativo:** el tutor-formador e-Learning debe sentirse cómodo trabajando remotamente con otras personas, ya que será su medio natural en el e-Learning. También debe incentivar y orientar en el trabajo colaborativo remoto que requerirán muchas formaciones e-Learning.

Funciones de un tutor-formador

En el proceso de aprendizaje online el tutor cumple con tres pilares fundamentales: gestionar contenidos, tutorizar y evaluar.

Gestionar contenido

Los cursos e-Learning se caracterizan por poner al alcance del alumno todos los contenidos necesarios para su realización. Esto no limita que el tutor-formador pueda aportar contenidos enriquecedores que hagan que la formación se adapte a las necesidades del alumnado. Así mismo, en el caso que los contenidos didácticos con los cuales se diseñó el curso no estén actualizados, el profesor puede añadir nuevo material.

Tutorizar

Dentro de las funciones que el profesor debe desempeñar, el tutor debe tener en cuenta ciertos aspectos.

Aspectos técnicos:

Los alumnos acudirán al docente cuando tengan la necesidad de apoyo técnico para realizar la formación. Algunas de las actividades que están agrupadas dentro de los aspectos técnicos encontramos:

- Asegurarse de que los estudiantes entiendan el funcionamiento técnico de la plataforma donde se desarrolla la formación e-Learning.
- Dar consejos y apoyos técnicos.
- Administrar los grupos de aprendizaje que forme para el trabajo en la plataforma.
- Mantenerse en contacto con el administrador del sistema.

Aspectos académicos:

No se debe olvidar que aunque en la formación e-Learning se utilicen medios y herramientas tecnológicas, la base pedagógica es fundamental para obtener resultados positivos en el proceso de formación. Dentro de los aspectos académicos encontramos las siguientes actividades:

- Facilitar explicaciones, ampliar información, resolver cualquier consulta sobre los contenidos.
- Ofrecer una respuesta a los trabajo de los alumnos.
- Cerciorarse que los estudiantes están consiguiendo los objetivos fijados en la formación.
- Diseñar actividades y situaciones de aprendizaje acorde con las valoraciones previas.

- Compartir y simplificar las aportaciones realizadas por los alumnos y otros tutores de la formación, en foros, debates o cualquier otro medio.

Aspectos organizativos:

La planificación y la organización son claves para que una formación e-Learning consiga resultados positivos. El tutor-formador tendrá que realizar varias actividades dentro de los aspectos organizativos:

- **Establecer y actualizar el calendario** de la formación, con actividades y fechas destacadas.
- **Explicar las normas de funcionamiento dentro del entorno.**
- **Establecer la comunicación entre el equipo organizativo y los docentes del curso**, y cuando se requiera con el alumnado.
- **Organizar el trabajo individual y colaborativo** entre los alumnos, y equipos de trabajo.
- Cuando existan intervenciones de personal invitado a la formación, deberá moderar las participaciones de estos.

Evaluar

El proceso evaluativo dentro de la formación es de suma importancia. Permite medir el alcance de objetivos, implicación del alumnado y resultados obtenidos por la entidad organizadora de la formación. En la formación e-Learning, existen diversos tipos de evaluaciones, en algunas se obtiene una calificación inmediata y en otras es necesario que intervenga un profesor para su posterior calificación. Es importante que el tutor concientice, motive e incentive al alumno a participar en las actividades evaluadas del curso.

Para evaluar, el tutor-formador e-Learning deberá:

- **Diseñar y crear las evaluaciones:** pudiendo ser autoevaluaciones y/o evaluaciones calificadas por el tutor.

- **Revisar las evaluaciones:** en el caso de evaluaciones que requieran la intervención del tutor, este debe entregar al alumno una respuesta clara sobre los resultados.
- **Realizar un seguimiento** y ofrecer al alumno una retroalimentación de su rendimiento académico.

El formador contará con informes en los cuales se refleja los resultados obtenidos por sus alumnos, dependiendo de la plataforma, los estudiantes también tendrán acceso a ellos.

Autoanálisis profesional del tutor-formador

Un tutor-formador necesita tener ciertas habilidades y conocimientos para ejercer sus funciones.

El objetivo de esta actividad es analizar tu perfil profesional, para que obtengas un listado de tareas. Que una vez realizadas te permitirán adquirir o mejorar las habilidades y competencias necesarias para trabajar como tutor-formador e-Learning.

En el siguiente enlace

DESCARGA GRATUITAMENTE

El Test para Evaluar el Estado de tus Competencias y Habilidades para Ser un Profesor e-Learning

http://www.elearningfacil.com/cursos/autonalisis

Introduce el cupón de descuento

SoyFanElearningFacil

en el **momento de tramitar tu compra y lo obtendrás gratuitamente.**

Autoevaluación 2

1. ¿Por qué es fundamental que seas estudiante e-Learning antes de convertirte en tutor-formador en esta modalidad?
2. ¿Cuáles son las funciones del tutor-formador?
3. ¿Cuáles son los conocimientos que deberías tener en el aspecto técnico para ser un tutor-formador online?

3. *Bases pedagógicas del e-Learning*

"Un curso que me ha sorprendido muy positivamente. En él he aprendido más de lo que esperaba. Muy práctico y con mucha información sobre recursos interesantes. La atención al alumno es exquisita"

Verónica Lorente. España.

Testimonio de una de nuestras alumnas.

Métodos y estrategias

Para que un tutor-formador pueda desempeñar su rol, debe contar con una serie de métodos y herramientas. Algunos son similares a los utilizados en la formación presencial.

Etapas en la actividad formativa

Una persona que se desempeña o se preparara para trabajar como profesor o tutor académico en una actividad presencial generalmente se prepara para seguir ciertas fases en su trabajo de formador. Sucede lo mismo en los cursos online, sólo que se hacen consideraciones especiales porque las personas están en diferentes lugares y actúan en diferentes tiempos.

1. Investigación de necesidades.

Aunque se tenga una idea general del curso que se formulará, es conveniente investigar el mercado y las tendencias formativas que incluirá. Para ello se debe revisar los textos, cursos existentes, nuevas tareas en el mercado de trabajo, informes de prioridades de nuevas capacitaciones para el trabajo en el sector público y privado, entre otros. Esto le permitirá establecer perfiles convenientes y actualizados, asegurar que se atienden necesidades reales de posibles interesados en la capacitación y, con ello, hacer atractivo el curso para aquellas instituciones o personas interesadas en comprarlo.

2. Definición de las características generales del curso.

Se decide el nombre, población a la que va dirigido, perfil general del egresado, forma de instrucción, duración e inversión del curso. Esto servirá para promocionarlo y venderlo.

3. Planificación del proceso de enseñanza aprendizaje.

Se especifica los propósitos, contenidos y métodos que se utilizarán durante el curso. Es decir, se establecen los objetivos generales, objetivos específicos, contenidos generales, métodos y estrategias de enseñanza-aprendizaje.

4. Interacción docente-alumno durante el proceso de desarrollo del curso.

Es la puesta en práctica de los métodos de enseñanza-aprendizaje y de las estrategias que servirán para que el alumno aprenda los contenidos que se han propuesto.

5. Evaluación final del curso.

Se evalúa tanto el alcance de los objetivos por parte del alumnado. Como la ejecución y tareas realizadas por los profesores y gestores de la formación.

Términos claves

Precisemos un poco qué es un método, una estrategia, una técnica y una actividad para poder diferenciarlos cuando hablemos de planificación educativa.

Método	Estrategias	Técnicas	Actividades
Es un sistema ordenado de operaciones que sigue un pensamiento filosófico determinado, mediante el cual se proyecta lograr un determinado resultado académico. **Entre otros, se tienen:** Deductivo, inductivo, heurístico, por proyectos y constructivista. QFTT Question Mastery Learning.	Conjunto de procedimientos coherentes con la filosofía para la acción del método seleccionado, la psicología conveniente al público objetivo y apoyado en determinadas técnicas con el fin de alcanzar un objetivo determinado. **Ejemplos:** Estudio de casos, proyecto comunitario, debates.	Procedimientos que se utilizan para facilitar la acción de las personas hacia el logro de sus capacidades. **Ejemplos:** Rompecabezas, juego de roles, subrayado.	Acción o conjunto de acciones específicas que se realizan durante la aplicación de la técnica. Son flexibles y se adecuan a las características de los participantes. **Ejemplos:** Subrayar textos, asumir un rol determinado, unir partes de un rompecabezas.

Criterios o principios en la metodología e-Learning

Ahora bien, dado que e-Learning tiene unas características bien definidas en cuanto a la interacción de los participantes conviene tener claro que el método a seguir debe ser coherente con sus criterios o principios:

- Considerar siempre las necesidades específicas de la población a atender.
- Orientar y apoyar al participante a lo largo de la formación.
- Aplicar criterios de usabilidad (es mejor más sencillo y amigable).
- Fomentar el saber hacer y la transferencia de conocimientos.
- Estimular la atención, la cooperación, la comprensión, autoevaluación y la continuidad de la participación
- Mostrar diversos caminos y valoración de talentos para el logro de objetivos propuestos.
- Considerar los recursos y dispositivos tecnológicos disponibles de la población objetivo.

Con base en estos principios, es conveniente que todo tutor de e-Learning tenga conocimientos del Método Constructivista, el cual es el más adecuado para este tipo de enseñanza online, tal como indica Sonia Santoveña Casal de la Universidad Nacional de Educación a Distancia (UNED), España.

Método constructivista

El Constructivismo tiene como premisa que las personas aprenden cuando se enfrentan a un desequilibrio cognitivo, es decir, cuando se necesita nuevos patrones de rutina adquiridos con anterioridad para resolver situaciones nuevas. Por ello, en los contextos educativos, el tutor-formador debería provocar conflictos cognitivos controlados factibles de resolución. Para ello, debe proponer actividades contextualizadas de tal manera que sean significativas para el alumno, así como también considerar que los procesos mentales son individuales para cada uno de los participantes y el docente.

Por lo tanto, en un entorno constructivista:

- **El aprendizaje es activo**, no es una memorización de lo recibido, es una reconstrucción de la información donde la información nueva es integrada a la ya existente.
- **El docente es un facilitador** del aprendizaje en cuanto al desarrollo académico y personal. El alumno es el responsable de su aprendizaje.
- **La planificación de enseñanza es un esfuerzo organizativo y cognitivo** del tópico a tratar por parte del docente, mientras el alumno participa cooperativamente en comprensión, reflexión y aplicación de los temas de estudio.

Términos y funciones en un entorno virtual

Ahora bien, considerando todo lo anterior, precisemos algunos términos y funciones que le dan sentido al e-Learning y que propician el éxito de un curso en un entorno virtual.

- El profesor recibe el nombre de tutor, los participantes el nombre de tutoriados o tutorizados o alumnos y a las clases son llamadas tutorías.
- Se utiliza el método constructivista. Por tanto, el tutor, apoyado generalmente por un equipo técnico, planifica el curso previendo actividades significativas para el estudiante. Estos ejercicios deben propiciar la

interacción cooperativa entre los tutoriados y el tutor, la aplicación práctica de lo estudiado, la autoevaluación responsable y el trabajo continuo.

- Las tutorías son la relación orientadora del tutor o tutores y sus tutoriados con el fin de facilitar la comprensión de conceptos, contenidos y procedimientos. Se ordenan de manera lógica y se presentan de manera atractiva y retadora al grupo con el fin de generar reflexión, trabajo cooperativo, análisis, discusión y aplicación de los contenidos.
- Las tutorías pueden ser individuales y en grupo, se realizan a través de diferentes medios electrónicos disponibles durante el curso

Estrategia Policías y Ladrones

En un entorno virtual es fácil distraernos y abandonar la formación. Esto se puede contrarrestar con el trabajo en grupo.

Policías y Ladrones es una estrategia que actúa sobre esto y ayuda a que tus alumnos se motiven y mantengan al día sus actividades. Consiste en que cada alumno cumplirá un rol de revisor de un compañero al mismo tiempo que será supervisado por otro.

Pero al adentrarnos en la explicación de la actividad, hay que precisar qué es un policía y qué es un ladrón. **Un policía es aquel que trata de hacer que los demás cumplan sus deberes:** le oye, está pendiente de él o ella, le brinda ayuda o reporta a sus superiores la novedad. **Un ladrón es aquel que de alguna u otra manera deja de cumplir sus deberes**, los toma prestados de otros o simplemente busca excusas para dejar de hacer lo que debe hacer. Le da explicaciones al policía cuando, por alguna razón, deje de hacer algo. Pide ayuda cuando sienta que va a dejar de cumplir o a infringir los acuerdos.

En esta estrategia se toman estos conceptos para generar un triángulo en el cual se permite la mutua, protección, control personal y trabajo colaborativo.

Para realizar la supervisión, los participantes se comunican por email o forman un grupo en una red social. Periódicamente (acordado previamente, nos más de una semana al comienzo y quincenal al final) los policías entregan a sus superiores (el profesor o tutor responsable de la formación e-Learning) un sencillo informe del progreso de su ladrón: la actuación académica y personal que favoreció o limitó su aprendizaje. El tutor e-Learning analiza los informes y sugiere a los policías estrategias para hacer más efectivas su acción preventiva.

A continuación se muestra un gráfico explicativo.

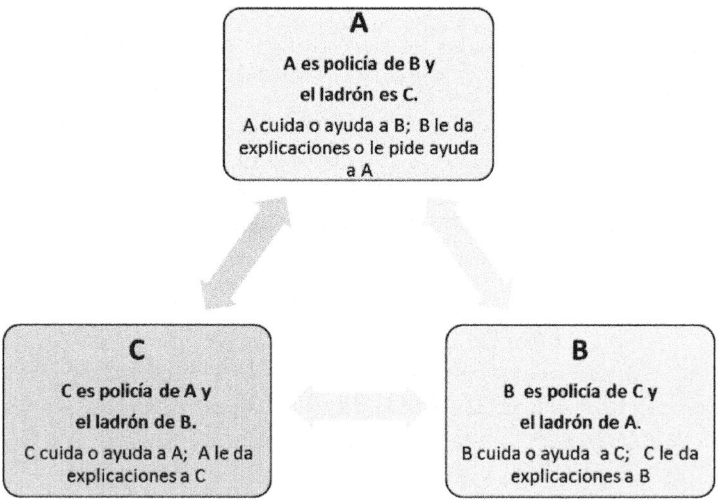

Las Redes Sociales y las Estrategias Educativas

Pertenecer a algunas redes sociales se ha convertido casi un requisito para interactuar con otras personas. Si alguien te dice que no tiene Facebook quizá te haga preguntarte de dónde viene o por qué lo decidió así. Y es que las redes sociales se han hecho tan populares que es muy difícil que alguien no participe en una. Así que, ¿por qué no incluirlas en el aprendizaje?

Ya seas un profesor e-Learning o uno presencial siempre puedes incluir a la web 2.0 en tu aula de clases. ¿Por qué? Porque es una herramienta fácil de usar y de gran alcance para obtener conocimientos actualizados. Usar redes sociales hará que tus estudiantes se apropien del conocimiento de una forma dinámica. Ahora bien, seguramente te estarás preguntando cómo implementar estas herramientas en el proceso de aprendizaje, así que te dejo seis actividades en Twitter que puedes llevar a cabo tanto con jóvenes como con adultos.

Representa un personaje

Una excelente idea es que en grupos o de forma individual, tus estudiantes creen una cuenta en la que deban representar a un personaje. La idea es que investiguen sobre alguien y generen el contenido que esta persona colocaría en esta red social. Sería interesante que, haciendo uso de los perfiles creados, pudiesen debatir públicamente sus posturas. Esta actividad es excelente en clases de historia, de política, incluso en clases de actuación. Pero no se limita a esto. Podrían crear usuarios sobre eventos actuales o históricos y hacer anuncios o tuitear la cronología de los hechos. Incluso podrían hacer cuentas sobre objetos y escribir datos curiosos al respecto.

Si prefieres usar Facebook, en vez de crear una cuenta puedes pedirles a tus alumnos que hagan una página en la cual puedan colgar información. En este caso, los alumnos no estarían limitados a los 140 caracteres que permite Twitter. Podrían subir textos más extensos, acompañadas de imágenes o vídeos. Las páginas en Facebook además te permiten hacer encuestas o crear cronogramas. La elección de una u otra herramienta dependerá del alcance que desees tener.

Seguimiento

Quizá les pediste a tus alumnos que lean un texto pero, ¿cómo saber si lo hicieron? Una buena forma sería que hagan resúmenes de los capítulos o partes del documento en 140 caracteres. Esto les obligará a hallar las ideas principales y condensar la información. No limites la actividad a resúmenes, también puedes pedirles que hagan citas o análisis de la información que tienen ante ellos. Luego puedes tomar los mejores tuits y compartirlos en clases.

Cadáver exquisito

La actividad consiste en hacer una historia de creación colectiva por turnos agregando frases o palabras. Si hacen uso de un hashtag, pueden jugar una versión 2.0 de esta actividad. El objetivo puede ser contar una historia, resumir una clase en tiempo real o llevar a cabo una investigación en conjunto. Lo interesante de esta actividad es que obligará al alumno a estar pendiente para poder intervenir coherentemente. Incluso podrías evaluar según el número de aportes acertados que tuvo cada uno.

Entrevistas

Antes era casi imposible comunicarte con algún artista o personaje famoso, sin embargo, las redes sociales generaron un espacio para la comunicación entre todo tipo de personas. Esta es una ventaja que puedes usar como profesor en el momento de asignar una investigación. Recomiéndales que busquen información de primera mano en la cuenta de organizaciones, científicos, profesionales. Imagina que deben analizar al personaje de una obra de teatro y puedan citar a actores que lo han interpretado. Sin duda eso sería darle un valor añadido al trabajo.

Pregunta del día

Adoro las actividades que requieren rapidez e inteligencia por parte del alumno. Para asegurarte de que tus estudiantes presten atención o pongan a prueba sus conocimientos siempre puedes escribir tuits con preguntas que ellos puedan solucionar. Luego de ver una videoconferencia puedes publicar preguntas y asignarles puntos extras a los alumnos que contesten primero o a los que tengas mejores respuestas.

Puedes usar esta herramienta incluso en una clase de idiomas. Escribe tus preguntas en otra lengua y espera que tus estudiantes respondan.

Seguir otras cuentas

Si no estás interesado en que tus alumnos creen cuentas o escriban tuits pero si estás interesado en que usen las herramientas 2.0, puedes pedirles que sigan a un personaje conocido u organización y que hagan un trabajo en función al material recopilado. Incluso puedes pedirles que determinen la postura de una empresa o de alguien a partir del contenido que publican. Esta es una excelente forma de aplicar el conocimiento visto en clases.

Como ves, Las redes sociales no son solo un espacio para el ocio, pueden ser una excelente forma de mantenerte en contacto con tus alumnos, suministrarles información o hacer actividades para que el aprendizaje no se limite al aula.

Agradecimiento:

Este capítulo fue escrito en colaboración con la

Dra. Rosaura Méndez.

Autoevaluación 3

1. Menciona 3 aspectos del método constructivista
2. Propón y comparte 3 actividades educativas para realizar en las redes sociales.
3. ¿Cuáles son los principios o criterios a usar en la metodología e-Learning?

4. La Plataforma de Formación LMS (Learning Managment System)

"Me ha resultado interesante como principiante en la educación online. Las herramientas propuestas son muy interesantes y te animan a profundizar en ello"

Joaquin Uzcidun Cincunegui. España.

Testimonio de uno de nuestros alumnos.

La plataforma de formación es conocida en inglés como **LMS,** Learning Managment System, el término plataforma de formación también es conocida como aula virtual, plataforma de teleformación, campus virtual o entorno de aprendizaje virtual y, según Wikipedia, 2015, se refiere a una aplicación de software para la administración, documentación, seguimiento, presentación de informes y la entrega de contenidos y programas de formación e-Learning. Existen plataformas que solo permiten la entrega de contenidos, y otras que disponen de herramientas de autor para la creación de contenidos. En inglés las que permiten crear contenido son conocidas como LCMS Learning Content Management System.

La selección de la plataforma que se utilizará para impartir la formación es de suma importancia ya que será el entorno de aprendizaje donde se desarrollará la capacitación, y será constantemente usado por profesores y alumnos. Una errónea selección puede hacer que un curso no sea impartido con éxito, incluso que no se pueda implementar. En el mercado existen múltiples tipos de aulas virtuales. La selección de una u otra dependerá de las necesidades y características de la formación que queramos impartir. A modo general una plataforma debería cumplir con estas características.

Interactividad

Un ambiente interactivo entre el profesor y alumno, es motivador y ayuda enormemente en el proceso de aprendizaje. Por lo cual, es recomendable que la plataforma cuente con herramientas que permitan crear una interactividad fluida entre profesores y alumnos.

Flexibilidad

La formación e-Learning es dinámica. Habitualmente se requieren añadir y actualizar contenidos, utilizar nuevas herramientas, nuevos enfoques pedagógicos, integrar con otros sistemas, etc., por lo cual conocer hasta donde podemos llegar con la plataforma es un factor a tener en cuenta a la hora de elegir cual será la plataforma que utilizemos.

Estandarización

Hoy podemos estar trabajando con una plataforma, y mañana tener la necesidad de cambiarla porque tenemos nuevas exigencias. Si tanto el desarrollo del contenido como la plataforma que utilizamos no permiten una estandarización e intercambio de contenidos, perderemos los que ya tenemos al migrarlos a un nuevo entorno de aprendizaje.

Cuando una plataforma trabaja con estándares podemos incorporar contenidos desarrollados por terceros que sean compatibles con los que use la plataforma. Algunos estándares en el mercado son SCORM, TinCan API, IMS, AICC.

Escalabilidad

Se refiere a la capacidad de la plataforma para albergar alumnos. Tener la posibilidad de agregar un número limitado de alumnos puede ser un inconveniente importante. También es importante tener en cuenta los costes de dicha escalabilidad.

Usabilidad

La plataforma debe ser intuitiva y fácil de usar. De lo contrario los docentes y estudiantes se sentirán frustrados y el proceso de aprendizaje se verá afectado.

También es importante tener en cuenta la accesibilidad de la plataforma, y la adaptación a dispositivos móviles.

Una plataforma según tus necesidades

Las plataformas son aplicaciones informáticas (software), desarrolladas por organizaciones. Son estas quienes definen las funcionalidades y tipo de licencia que tendrá dicho software. Clasificaremos estas aulas virtuales en tres tipos.

Plataformas comerciales o propietarias

Son aquellas que utilizan software con licencia comerciales o propietarios para su funcionamiento. Mayoritariamente son de pago. La tendencia actual es que estas plataformas se alquilen y paguen por número de usuarios, número de cursos o lo que determine el propietario de la plataforma. Cuando se alquila una plataforma, está lista para usar y no se requieren conocimientos técnicos avanzados para comenzar a utilizarlas. Algunas versiones permiten instalarlo en nuestros propios servidores.

Hay que tener en cuenta que las condiciones pueden ser variadas por el desarrollador en cualquier momento.

Plataformas Marketplaces

También son software comerciales o propietarias pero su funcionamiento está orientado más a la formación on-demand (bajo demanda), han revolucionado el mercado y permitido que cualquier persona pueda enseñar en internet. Este tipo de plataforma no se puede instalar en nuestro servidor y son muy fáciles de usar. Están pensadas para que sean utilizadas por personas con muy pocos conocimientos técnicos.

Plataformas libres

Son aquellas que utilizan software libre para su funcionamiento. Esto no debe confundirse con gratis. Este tipo de software se descarga y se instala en el servidor que uno prefiera. Se pueden hacer modificaciones en él y se tiene acceso al código fuente. Se requieren conocimientos técnicos avanzados para que funcionen adecuadamente.

Para entender qué es una plataforma de libre quiero que conozcas las características del software libre. El software libre nació como una forma ética de entender el software, una alternativa a los tradicionales softwares de licencia comercial.

Una característica muy importante es que una licencia libre te dará libertad para usarlas en cualquier propósito, adaptarlas a tus necesidades, redistribuir las copias del software, mejorar el software y publicar las mejoras. Habitualmente el software libre cuenta con comunidades activas que contribuyen en la evolución y mejora del mismo.

Las denominaciones del software libre más comunes que encontrarás en el mercado son GPL (GNU General Public License), FDL (GNU Free Documentation License), LGPL (GNU Lesser General Publication License) y Creative Commons (está inspirada en la licencia GPL de la Free Software Foundation).

El software libre se distribuye con acceso al código fuente lo cual permite realizar cambios y adaptar a las necesidades que cada uno tengamos, respeta los estándares por lo cual permite la compatibilidad con tecnología que también utilice dichos estándares. Que sea software libre no quiere decir que sea 100% gratis y que puedas hacer con él lo que quieras. Puede que una versión del software libre sea gratuita y otra de pago.

Ten en cuenta que el desarrollo y mantenimiento de cualquier software, en este caso las plataformas, tiene un coste y quienes los desarrollan tiene que al menos pagar dichos costes.

En resumen, cada plataforma tiene sus pros y sus contras, ninguna es perfecta. Lo importante es seleccionar el tipo de plataforma que mejor se adapte a las necesidades de la formación e organización que la imparta.

Para entender qué es una plataforma de libre quiero que conozcas las características del software libre que puedes ver en este gráfico.

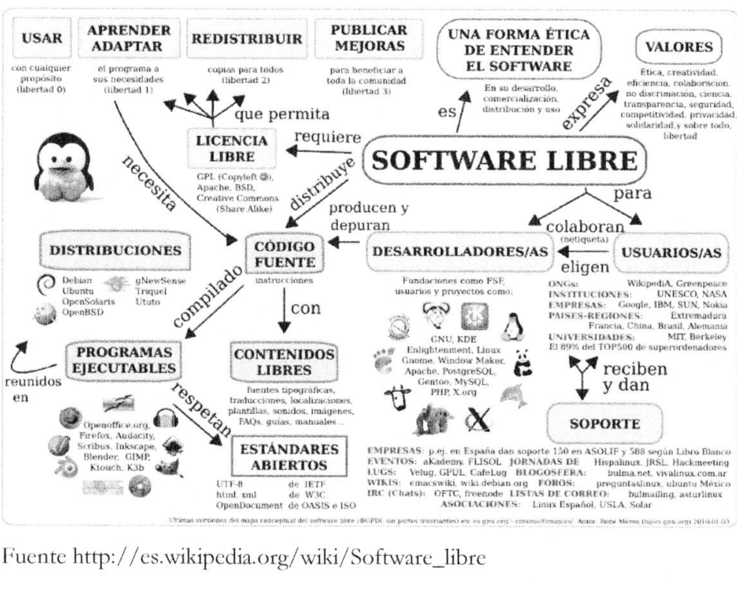

Fuente http://es.wikipedia.org/wiki/Software_libre

Algunas plataformas de formación

Buscar en la web cual es la plataforma virtual más adecuada, puede ser una actividad agotadora ya que existe una gran cantidad de posibilidades. A continuación te muestro 3 plataformas de teleformación muy conocidas, algunas de ellas seguramente cumplan con tus necesidades como docente.

Moodle

Es uno de los software libres más populares. Moodle es una plataforma sumamente flexible en la que, gracias a extensiones, módulos y temas, puedes crear un entorno a tu medida.

Tiene herramientas muy potentes para realizar una adecuada evaluación. Está pensada para que el alumno participe y sea activo en su formación.

Es la plataforma que utilizo para impartir mis cursos online y estoy muy contenta con ella. Me permite impartir los cursos con el nivel de comunicación, participación y evaluación que deseo.

Moodle se puedes descargar gratuitamente e instalar en nuestros propios servidores. Es responsive (se visualiza en dispositivos como tablets y móviles), cuenta con App para el móvil y está en constante mejora.

No es perfecta, hay muchos aspectos mejorables, pero si haces un balance seguramente te convenza.

https://moodle.org

Chamilo

"Chamilo LMS o Chamilo Learning Management System es un software que permite crear un campus virtual para la impartición de formación online o semi-presencial. Se distribuye bajo licencia GNU/GPLv3+ y su proceso de desarrollo es público.

Todos los productos software de Chamilo son enteramente gratuitos, libres, completos y están listos para ser usados en producción sin requerir servicios de pago.". *Fuente: https://chamilo.org/es/chamilo-lms/*

Es una plataforma que se ha popularizado en los últimos años.

https://chamilo.org

WordPress + Plugin LMS

Si ya tienes un blog, usar WordPress y agregar un plugin de LMS puede ser la opción mas adecuada. WordPress no es una plataforma de formación pero se puede convertir añadiendo funcionalidades mediante el uso de plugins como Learn Dash o Sensei.

Ten en cuenta que a comparación de una plataforma de formación las funcionalidades serán menores.

WordPress:

https://wordpress.com

Plugins LMS:

http://www.learndash.com

https://woocommerce.com/products/sensei/

http://namaste-lms.org/

Autoevaluación 4

1. ¿Cuáles son las características de la plataforma de formación?
2. ¿Cuál es la principal diferencia entre plataformas comerciales o propietarias y las plataformas libres?

5. Herramientas en el e-Learning

"El curso ofrece una visión completa y clara de la función y tareas del tutor a la vez que aporta amplia información sobre recursos y herramientas TIC para la elaboración de conferencias y materiales inteactivos, especialmente interesantes e instructivas las videoconferencias"

Alicia Esperanza Serrano Álava. España.

Testimonio de una nuestras alumnas.

Introducción

Para realizar sus funciones, el tutor contará con una serie de herramientas tecnológicas:

- Herramientas para la tutorización y comunicación.
- Herramientas para el trabajo colaborativo.
- Herramientas para la evaluación.
- Herramientas para la creación de contenidos.
- Herramientas para la administración.

Estas herramientas pueden variar dependiendo de la plataforma, entorno de trabajo que se utilice y de las funciones asignadas en cada curso. Dependiendo de la plataforma y versión con que se cuente se podrás encontrarte con más o menos herramientas. Las que estudiaremos a continuación son las más comunes.

Herramientas para la tutorización y comunicación

Permiten que exista una interacción entre los asistentes al curso. Con ellas el profesor puede tutorizar y motivar a los estudiantes. Dentro de este grupo encontramos al foro, el chat, el servicio de mensajería, las wikis, las tareas con retroalimentación, las videoconferencias y webseminarios.

Herramientas para el trabajo colaborativo

El trabajo colaborativo es una estrategia que se puede y recomendable usar en el e-Learning. Para hacerlo se debe contar con herramientas para potenciarlo y dinamizar las colaboraciones.

Algunas de estas herramientas son:

- Las **wikis**, existen colaborativas y de trabajo individual. Con ellas los profesores y alumnos pueden ver cómo se va realizando un trabajo paso a paso.
- **El chat, los foros**.
- **Google Drive**, este es un servicio de Google que puede integrarse en algunas plataformas. Es de mucha utilidad porque permite crear y compartir documentos de forma muy sencilla, conocida por muchos de los alumnos.
- **Redes sociales**, son ampliamente usadas por los estudiantes, y ofrecen muchas herramientas para compartir información. Para hacer un uso adecuadas de ellas el profesor debe ofrecer las directrices.
- **Repositorios**, son lugares virtuales donde se almacena documentación, como si fuera un disco del ordenador pero está en la nube (internet). El repositorio puede almacenar la información en la misma plataforma o de forma externa, como en el caso de Google Drive.

Herramientas para la evaluación

Permiten al tutor llevar un seguimiento del progreso del alumno durante la formación. Estas evaluaciones pueden ser vinculadas a la aprobación del curso o ser autoevaluaciones. Estas son algunas de ellas:

- **Evaluaciones autocorregibles**: son las que se realizan y de forma inmediata se obtiene el resultado.
- **Envío de trabajos:** los alumnos en la formación e-Learning también pueden enviar trabajos que realicen de forma offline o través de herramientas colaborativas.
- **Foros**.
- **Evaluación general:** esta es la que determina del tutor online por el rendimiento general del alumno. También puede ser calculada por la plataforma sin la intervención del tutor en el caso que solo se realicen evaluaciones autocorregibles.

Herramientas para la creación de contenidos

Los contenidos pueden ser desarrollados utilizando herramientas de autor externas a la plataforma de formación o con las herramientas que nos provea la plataforma LMS. Algunos contenidos que podemos crear con las herramientas que encontramos en las plataformas son:

- Creación de **páginas** donde se pueden insertar textos, vídeos, animaciones, etc.
- **Importación de contenido externo estandarizado**, por ejemplo en SCORM.
- Creación de **repositorios**.
- Creación de **glosarios**.
- Creación de **bases de datos** que pueden contener diversos tipos de información como vínculos, textos, documentos, etc.

Herramientas para la administración

Habitualmente no son utilizadas por los tutores salvo que ejerzan funciones administrativas. Estas herramientas permiten:

- **Administrar los cursos:** crearlos, fijar comienzo y finalización, asignar permisos, entre otras funciones.
- **Gestionar al alumnado:** dar de alta y baja a los alumnos.
- **Gestionar al recurso humano:** dar de alta y baja a profesores, colaboradores, desarrolladores de contenidos, etc.
- **Expedir certificados, diplomas** o cualquier titulación que vaya vinculada con la aprobación del curso.

Herramientas para la tutorización y comunicación más utilizadas

El foro

Es una herramienta asincrónica que se utiliza en la formación e-Learning. Permite la comunicación, debate, trabajo colaborativo e intercambio de contenido entre profesores y estudiantes.

Ventajas:

- Muy adecuado para realizar tutorizaciones del alumnado.
- Incentiva el trabajo colaborativo.
- Permite aportar contenido actualizado de forma rápida y sencilla.
- Es fácil de usar.

Desventajas:

- El moderador es el profesor y debe velar que el comportamiento de los alumnos siga las normas de uso.
- Sin una moderación adecuada los aportes se pueden desviar de la temática para el que se creó.

- El foro es una herramienta asincrónica que puede llegar a frustrar a los alumnos que estén acostumbrados a la rapidez de los mensajes de texto o de viva voz.

Recomendaciones para tutorizar con un foro

- **Dá la bienvenida** a los alumnos y explica las normas de uso del foro. Como moderador y tutor una de tus funciones serán velar por el cumplimiento de dichas normas.
- **Responder en un breve plazo** a los comentarios y aportes que realicen los alumnos.
- **Tén una mentalidad abierta**, usar un lenguaje positivo y motivador.
- **Evita la escritura simplificada tipo SMS** (mensajes de texto). Que no respeta la ortografía y dificulta el entendimiento de los mensajes.
- **Anima a los alumnos** a relacionar los aportes realizados en el foro con el contenido del curso, y experiencias prácticas donde se apliquen lo aprendido.
- Algunas plataformas como Moodle permiten calificar las participaciones en el foro. **Prueba a realizar valorar los aportes realizados en los foros** para incentivar la participación.
- **Si tu foro permite que a los alumnos le llegue un aviso cuando se realizan nuevas publicaciones, ten cuidado con la configuración del mismo.** Para que solo se envíen mensajes principales, de lo contrario el alumno se podría abrumar con tanta información.

Tipos de foros en la plataforma Moodle

La plataforma de formación Moodle nos provee de 5 tipos de foros. La selección del tipo de foro más adecuado para cada situación dependerá del objetivo y tipo de curso que estemos impartiendo. A continuación estudiaremos las características de cada uno.

Debate sencillo

- Útil para debates cortos y específicos.
- Todo el foro aparece en una sola página.
- El primer comentario es el tema.
- Habitualmente este comentario es realizado por el profesor.

Foro de uso general

- Cualquier persona puede comenzar un tema.
- Tanto docentes como estudiantes pueden comentar en el foro.

Cada persona plantea un tema

- El estudiante puede crear solamente un tema nuevo.
- Cualquiera puede contestar a los temas planteados.

Foro P y R (Preguntas y respuestas)

- Habitualmente es una pregunta realizada por el docente y los comentarios de los estudiantes son las respuestas a la pregunta.
- Similar al foro debate sencillo.
- Los alumnos pueden contestar al tema planteado, pero no pueden ver lo que han escrito los demás hasta que ellos mismos hayan participado.

Foro general con formato de Blog

- Foro abierto donde cualquiera puede iniciar un nuevo debate en cualquier momento y en el que los temas de discusión se muestran en una página con enlaces "Discute este tema".

El chat

Es una herramienta sincrónica que se utiliza en la formación e-Learning. Permite la comunicación, debate, trabajo colaborativo e intercambio de contenido entre profesores y estudiantes.

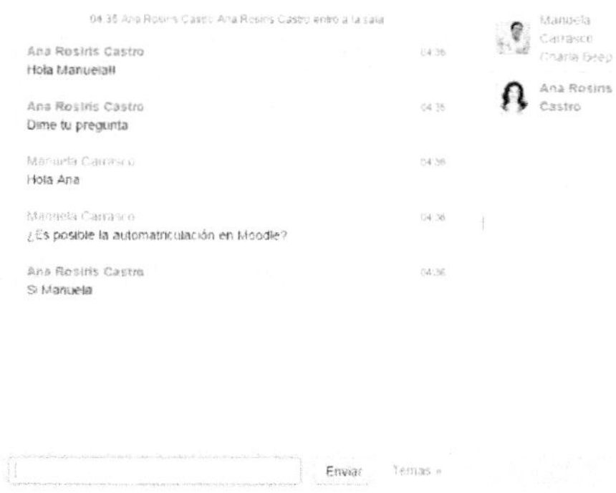

Ventajas

- Conversación en tiempo real.
- Acercamiento social.
- Consultas rápidas.
- Registro de conversación.

Desventajas

- Coincidencia horaria.
- Los participantes necesitan rapidez al escribir.
- Requiere una preparación previa.

Recomendaciones para tutorizar con un chat

- **Da instrucciones de uso:** Crea un documento donde indiques al alumno cuáles serán los objetivos del chat, las normas y recomendaciones de uso. Envía el documento junto con el horario y fecha del chat.
- **Modera adecuadamente:** Prepara un mensaje de bienvenida y un mensaje para los alumnos que lleguen tarde. Anuncia el tema del que se va a hablar. Si los alumnos se dispersan, trata de volver al tema anunciado. Responde a los alumnos en el mismo orden que realizaron las pregunte.
- **Organiza grupos pequeños:** si la clase que estas tutorizando es muy grande divídela en grupos pequeños y realiza varias sesiones de chat. Será más sencillo de moderar y todos tus alumnos tendrán la posibilidad de participar.
- **Horario:** En el momento de establecer el horario piensa en la hora en las cuales pueden coincidir los participantes. En la formación e-Learning los alumnos y profesores pueden estar en diferentes lugares, con diferentes husos horarios. Por ejemplo, los alumnos pueden estar trabajando en su mayoría por la mañana. En ese caso, sería más conveniente hacer el chat por la tarde. Al fijar la hora y día de la sesión ten en cuenta estos factores para que puedan asistir la mayor cantidad de estudiantes.

- **Informa a los alumnos de la fecha y hora de la sesión del chat.**
- **Se muy puntual.**
- **Transcripciones del chat:** la mayoría de los sistemas de chat permiten la transcripción del chat, si la tienes disponible es recomendable usarla. Esa transcripción se puede utilizar para un estudio posterior o para que la vean los alumnos que no pudieron asistir.
- **Piensa antes de escribir:** los estudiantes no podrán verte la cara, ni oír tu voz, por lo cual debes seleccionar correctamente tus palabras para hacerte entender. ***Recuerda que todo lo que escribas quedará registrado.***
- **Usa adecuadamente los emoticones:** los emoticones son esos pequeños dibujitos (caritas felices, tristes, sacando la lengua, etc.) que te ayudarán a expresar sentimientos y ahorrar palabras. Es recomendable usarlos con moderación.
- **Ten paciencia:** recuerda que no todo el mundo tiene rapidez al escribir o nunca ha utilizado un chat. Ten paciencia y ayuda a los novatos. Sé abierto y no critiques errores ortográficos que puedas ver, al menos claro que ese sea el objetivo del chat.

La mensajería

Es una herramienta asincrónica que permite el intercambio de mensajes electrónicos similares a los correos electrónicos (emails) a través de la plataforma de formación. La mensajería puede ser individual, donde el mensaje se envia a una persona. Es adecuada para tutorías individuales. O mensajería masiva, el envío de mensajes se realiza a varias personas adecuada. Es adecuada para tutorías grupales.

Recomendaciones para tutorizar con la mensajería

Cuando utilizamos la mensajería es recomendable seguir ciertas reglas para que la comunicación sea eficaz.

- **Sé claro y conciso.**
- **Respeta la privacidad:** cuando un alumno te envía un mensaje privado espera que siga siendo así. Si crees que es más adecuado contestar a su consulta en un foro porque de este modo ayudarás a otros estudiantes, nunca publiques información privada o des pistas de quién pueda ser el autor de la consulta, sin el previo consentimiento del alumno.
- **No abuses de la mensajería masiva:** esta puede ser muy útil para comunicarte con varios o todos los alumnos de tu clase, pero es recomendable no abusar para que no pierda efectividad. Recuerda que existe otra herramienta llamada foro donde puedes exponer cualquier planteamiento a todos los participantes de la clase.

Las wikis

La wiki es una herramienta asincrónica, muy adecuadas para la formación porque el alumno pasa de ser un simple espectador a ser parte activa del trabajo que se realiza en clase.

"La herramienta wiki se está consolidando como una herramienta de trabajo colaborativo y colectivo que tiene su máxima expresión en el desarrollo de la Wikipedia.

La herramienta wiki consiste en una página virtual para la escritura colaborativa, en la cual cada una de las personas que participa puede ir añadiendo y cambiando los contenidos de la página. Esta herramienta permite recoger el proceso de construcción del texto, visualizando las formas de trabajo de los estudiantes, guardando un historial de las diferentes versiones y las aportaciones realizadas por cada participante" RED - Revista de Educación a Distancia. Número monográfico X

Tipos de wiki

Habitualmente las wikis son colaborativas para el trabajo en grupo, pero también pueden utilizarse para el trabajo individual.

Individual

- La wiki solo la puede ver y editar el alumno a la que se le ha asignado.
- El profesor y gestor también tienen acceso.
- Adecuada para trabajos individuales.

Colaborativa

- Todos los participantes de la wiki pueden ver y editar el proyecto que se está realizando.
- El profesor y gestor también tienen acceso.
- Adecuada para trabajos en grupo.

Recomendaciones para el uso de una wiki

La configuración y herramientas disponibles en una wiki varía dependiendo de la plataforma que se utilice. Tenlo en cuenta a la hora de planificar y utilizar una wiki.

- Crea un documento donde expliques cómo se utiliza la wiki y sus objetivos.
- Define una tabla de contenidos del proyecto, que se entienda fácilmente. De este modo los alumnos sabrán cual es el orden a seguir y será más eficiente el trabajo.
- La Wiki no debe usarse como un servicio de mensajería o un foro. Los comentarios que se realicen deben realizar un aporte, una corrección o una ayuda en el desarrollo del proyecto.
- Como en cualquier comunicación online, tal como en un foro, chat, mensajería se deben seguir unas reglas al escribir.

- Recuerda que es un trabajo colaborativo y el contenido puede ser borrado o editado sin que por ello sea un "ataque" o crítica a tu persona.
- Ten paciencia, la wiki es algo nuevo para muchos alumnos. Por ellos tendrán dudas e incluso pueden llegar a sentirse perdidos.
- La wiki no es una herramienta aislada, puede que necesites complementar con otras herramientas tales como la mensajería, el foro, el chat, la videoconferencia, etc. Para motivar y ayudar a tus alumnos en aspectos técnicos o metodológicos.
- Evita tener páginas huérfanas, es decir, que no son accesibles desde la tabla de contenidos o páginas dependientes.
- Participa activamente en la wiki, tus estudiantes no deben sentirse solos. Recuerda que esta es una herramienta colaborativa.

Estrategias educativas que puedes aplicar utilizando wikis

Seguramente, busques una actividad sencilla que ofrezca la facilidad colaborativa de una wiki. Así que recolectamos varias actividades prácticas en las que podrás usar esta herramienta.

Monografías

Quizá esta es una de las actividades más similares al trabajo de Wikipedia. En este caso, la idea es que tus alumnos creen el contenido en torno a un tema. Esto es ideal para el aprendizaje online ya que los colaboradores pueden distribuirse los puntos a tratar pero también pueden revisar, discutir o corregir el contenido de sus compañeros. La ventaja de usar una wiki en este tipo de actividad es que el historial del sitio registra las intervenciones de los usuarios. Así que puedes evaluar tomando en cuenta este parámetro.

Si quieres llevar esta actividad a otro nivel, puedes proponer la creación de revistas. Lo interesante de las wikis es que son ideales tanto para crear actividades puntuales como actividades que requieran desarrollo medio – largo plazo.

Apuntes

Si bien los apuntes de una clase suelen hacerse de forma individual, también puedes pedirles a tus alumnos para que compartan y comparen sus anotaciones en una wiki. Esto será de gran beneficio en el momento de valorar el contenido o, simplemente, recordar cosas que no pudieron anotar en su momento. Llevar a cabo esta actividad, te permitirá saber qué temas quedaron o no claros entre el grupo.

También puedes usar las wikis para compartir los apuntes de videoconferencias, videos, audios o incluso puedes usar esta herramienta para que discutan posturas en torno a una asignación.

Contribuir en otros wikis

Los alumnos se pueden desmotivar por el hecho de que sus trabajos simplemente son vistos y archivados. Por lo tanto, escribir para otros wikis es una excelente forma de incentivar la participación activa y creativa de tus estudiantes. Por ejemplo, si eres un profesor online de literatura y estás creando un poemario con tus estudiantes, la posibilidad de compartirlo al final del curso le dará un valor adicional a la actividad. Contribuir en otras páginas web no solo estimula al alumno debido al carácter público de la asignación, sino que incita la excelencia por la posibilidad de crítica de un público externo.

Listas

Una wiki es una excelente herramienta para resaltar contenido puntual sobre un tema. Puedes pedirles a tus alumnos que escriban datos importantes sobre una lección, que compartan páginas web de interés, que hagan un glosario, o incluso que generen las normas con respecto a un tema o una lección.

Las listas facilitan la rápida búsqueda de información y son excelentes para que tus alumnos compartan datos curiosos que complementen las lecciones.

Cuentos

De niña me gustaba mucho una actividad en la que creábamos una historia en conjunto. La idea era sentarnos en círculo y turno por turno, cada persona agregaba frases o alguna palabra para contar una historia. Las wikis son una excelente versión digital para llevar esta actividad. Puedes dar las pautas para crear un cuento según los requerimientos de tu clase y ver, si en conjunto, los alumnos son capaces de ser tan meticulosos como para cumplirlas. Recuerda que las wikis, además de las herramientas para crear el contenido, cuentan con foros de discusión donde los alumnos pueden ponerse de acuerdo para dirigir esta actividad.

Como ves, las wikis son herramientas ideales para que los alumnos cuelguen de forma individual o colectiva sus trabajos. Gracias a su simplicidad, son un excelente cuaderno en blanco en el cual tus estudiantes podrán generar contenido.

La videoconferencia y la pizarra digital

La videoconferencia es una herramienta sincrónica que te permitirá tener un contacto en vivo con los alumnos, pudiendo tener conversaciones, incluso verse la cara si se cuenta con una webcam. Algunos softwares de videoconferencia cuentan con pizarra digital, incluso te permiten compartir tu pantalla del ordenador o computador. Con esto podrás realizar actividades que van más allá que el simple hecho de conversar en vivo. Algunas actividades son: mostrar presentaciones, realizar anotaciones y dibujos, compartir video, realizar encuestas, etc.

La videoconferencia y la pizarra digital son herramientas muy interactivas pero tienen sus ventajas y desventajas. Antes de programar una sesión ten en cuenta lo siguiente:

Ventajas

- Permite el acercamiento entre el profesor y los alumnos, aumentando la socialización.
- Ideal para explicar temas prácticos.
- Permite resolver dudas en vivo sin necesidad de escribir.
- Las sesiones pueden ser grabadas.

Desventajas

- Requiere una veloz conexión a internet, para que la sesión se pueda ver fluidamente.
- Si se quiere oír, hablar o queremos que nos vean, necesitaremos algunos dispositivos como: auriculares o altavoces, micrófono y/o webcam.
- Algunas plataformas requieren ciertos plugins o la instalación de programas.
- Es necesario que el profesor y el alumno coincidan en un horario donde ambos puedan asistir.

Recomendaciones de uso

- **Fija un horario** en el cual puedan asistir la mayor cantidad de alumnos.
- **Avisa con antelación la sesión programada** y realiza 2 recordatorios. El primero un día antes de la videoconferencia. El segundo recordatorio hazlo 1 hora antes del comienzo de la sesión de videoconferencia.
- Comprueba que **el alumnado cuenta con los dispositivos necesarios y conexión a internet adecuada.**
- Crea un **documento del uso de la videoconferencia** y objetivos de la sesión programada, envía dicho documento con uno de los emails recordatorios.
- **Avisa a los asistentes cuando se comenzará a grabar la sesión**, e indica donde podrán ver la grabación.
- **No reveles datos confidenciales o personales** de alumnos sin su previa autorización por escrito.
- **Usa un lenguaje cortes y amable.** Ten paciencia muchas personas nunca han asistido a una videoconferencia.

Software para realizar Videoconferencias

A continuación te muestro algunos servicios de videoconferencia que puedes utilizar para hacer tus clases en vivo.

WizIQ

Es una plataforma que permite intercambiar contenidos (doc, ppt, pdf, audio vídeo, etc.), dar clases en vivo y grabadas mediante la plataforma de aula virtual, conversar online entre profesores y alumnos, realizar evaluaciones y publicar los cursos en su propio Marketplace. Mediante un plugin se integra muy bien con Moodle, Blackboard Learn, WordPress, Joomla entre otros.

http://www.wiziq.com

Gotomeeting

Es una herramienta que permite conferencias o reuniones en línea a través de un ordenador o móvil.

http://www.gotomeeting.es

MeetCheap

Meetcheap es una herramienta para videoconferencias online. Es muy económica y sencilla de usar. Creas la videoconferencia y compartes el enlace con tus alumnos. Te permite grabar las sesiones formativas.

http://www.meetcheap.com/es

Big Blue Button

BigBlueButton es una herramienta de licencia GNU para realizar videoconferencias para el aprendizaje en línea. Te permite compartir documentos, webcams, chat, audio y grabar las sesiones. http://bigbluebutton.org

Autoevaluación 5

1. ¿Cuáles son los tipos de foros en Moodle?
2. ¿Cuál es la principal diferencia entre la herramienta chat y los mensajes?
3. ¿Qué actividades puedes realizar en las wikis?
4. ¿Qué nos permite las herramientas para la administración?

6. Contenidos e-Learning

"Impresindible para aquellos docentes de certificados de profesionalidad presencial que quieran dar el salto a la formación e-learning"

Jonatan Luis Tamarit. España.

Testimonio de uno de nuestros alumnos.

Tipos de contenidos

Dependiendo de las necesidades y objetivos formativos se puede optar por dos tipos de contenidos:

Genérico o standard

- Son contenidos de interés general que son desarrollados por una empresa especializada. Por ejemplo: cursos de Word, Excel, manipulación de alimentos, etc.
- Este tipo de contenido permite al centro educativo realizar la formación de manera más rápida y económica.
- Puede que no se adapte al 100% de los contenidos que quieras impartir.

A medida o propio

- Son contenidos que se adaptan a las necesidades formativas porque se realiza a medida, lo cual permite una personalización de los mismos.
- El desarrollo puede encargarse a especialistas o hacerse con recursos propios de la empresa.
- En el caso de realizarse con recursos propios, por lo general el contenido es entregado a especialistas en su desarrollo para que lo convierta en un material adecuado para su aplicación al e-Learning.
- Tanto el contenido genérico como a medida puede tener diversos grados de complejidad. Dependerá de la pedagogía y guionización que se emplee, así como de los aspectos multimedios que se empleen.

Estandarización

Entendemos por estandarización del contenido a la aplicación de una normativa que compatibilice los distintos sistemas en el mercado, dotando al sector de una base teórica y operativa para su desarrollo. Existen diferentes estándares en el mercado: SCORM, TinCan API, IMS, AICC, etc. El más extendido es el SCORM (Shareable Content Referente Model) Modelo de Referencia para Objetos Intercambiables que se considera como el primer modelo operativo y real de estandarización. Es aplicable tanto a contenidos como a plataformas y fue creado por ADL (organismo creado por la Administración Norteamericana). Los elementos de la plataforma de SCORM pueden ser combinados fácilmente con otros elementos compatibles para producir reposiciones altamente modulares de materiales de formación.

La estandarización garantiza la inversión a largo plazo, ya que impide que el material sea cautivo de una única tecnología. Además, permite el intercambio de cursos, por lo cual la reutilización de contenidos es una realidad, ahorrando costes y tiempo de desarrollo

¿Quiénes crean el contenido?

Los cursos online se diseñan y desarrollan en equipo. Existe uno para el análisis y planificación, otro para el diseño de contenidos (cursos, talleres, evaluaciones, etc.) y uno para el desarrollo y adaptación de contenidos. Nos centraremos en el diseño de contenidos que es la fase donde interviene el docente.

Fases de creación del contenido

Habitualmente el proceso de la creación de formación la realiza una consultora de formación o centro educativo (en adelante la llamaré consultora). La cual se encarga de coordinar todo el equipo y evaluar que el proceso se realice adecuadamente. A grandes rasgos, diremos que existen tres fases en el diseño de contenidos.

Fase 1

En la fase 1 interviene la consultora que se encarga de analizar y planificar lo que posteriormente diseñará el profesor. Para optimizar recursos y que obtenga el resultado esperado la consultora debe preparar una serie de instrucciones y modelos que seguirá el profesor cuando esté redactando y diseñando los contenidos.

Fase 2

En la fase 2 el profesor ya tiene todas las instrucciones y modelos de la tarea asignada. Queda en su mano adecuarse a las indicaciones y tener en cuenta que está diseñando un curso online o blended, que es muy diferente a un curso presencial. Al profesor se le debe guiar para que conozca el estilo que debe seguir, la cantidad de materiales que debe preparar, a quién debe acudir en caso de dudas y cuál será el proceso. Es una fase muy importante, porque sin un buen análisis y planificación se pueden obtener cursos que no se adapten a las necesidades, por lo que se deben corregir muchas veces lo cual conlleve a un mayor esfuerzo por parte del equipo que interviene en la fase 3.

Fase 3

En la fase 3 el contenido diseñado por el profesor vuelve a la consultoría que valida la calidad, prepara y adapta el material para convertirlo en un curso online o blended.

¿Cómo diseñar el contenido?

Existen varios tipos de contenidos y dependiendo de su complejidad se puede requerir la intervención de personas con formación en aspectos concretos como la guionización multimedia, edición de audio y vídeo, etc.

En este libro no se pretende que aprendas a diseñar contenidos con alta complejidad, lo que se pretende es que conozcas los aspectos para el diseño de rapid learning.

El Rapid Learning es un tipo de contenido que tiene las siguientes características:

- No requiere la creación de un guión pedagógico particular.
- Permite la utilización de imágenes simples. Por ejemplo, animaciones de textos simples, esquemas, etc.
- Se puede incluir animaciones, audios y vídeos, como apoyo a los contenidos. Habitualmente estos elementos multimedias son creados por el equipo de desarrollo.

Caso práctico

En este caso práctico vamos a conocer la metología que se utiliza en e-Learning Fácil para crear contenidos tipo Rapid Learning.

La metodología de trabajo puede variar dependiendo de la empresa con la cual trabajes.

Empresa: e-Learning Fácil.

Trabajo: Diseñar los contenidos de un curso de formación e-Learning.

Tipo de contenido: Rapid Learning.

Recursos: Instrucciones precisas de la metodología y tareas a realizar. Programa Power Point, Word y un ordenador.

¿Qué recibirás como profesor?

En este ejemplo la consultoría entrega el material que el profesor necesitará para realizar el trabajo.

- **Contrato:** Será firmado por el profesor y empresa, antes de comenzar el desarrollo de un curso.
- **Instrucciones** generales y específicas para realizar los cursos.
- **Ficha técnica del curso:** Archivo en Word ficha_creacion_de_curso.docx para rellenar la ficha técnica del curso.
- **PowerPoint plantilla:** Archivo en PowerPoint powerpoint_plantilla.pptx que contiene el diseño genérico para el desarrollo de la presentación, módulos, ejercicios y cierre del curso.
- **Ejemplos:** Es una carpeta que contiene un ejemplo completo de lo que se debe entregar.

¿Qué entregarás como profesor creador del curso?

La empresa indica claramente al profesor todo el material que el este debe entregar a la consultoría. Constará de:

- **Ficha técnica del Curso:** Archivo Word completado.
- **Presentación:** Un Power Point con una bienvenida e introducción del curso.
- **Módulo:** un PowerPoint por cada módulo del curso.
- **Ejercicios:** PowerPoint con actividades prácticas o autoevaluaciones.
- **Cierre:** Un PowerPoint de reflexión - resumen y autoevaluación de los aprendizajes del curso.
- **Presentación comercial:** un Power Point donde se presente el curso y se indiquen los beneficios que obtendrán al realizar el curso.

¿Qué orden se debe seguir?

Para un profesor que nunca ha diseñado un curso e-Learning, la tarea puede ser abrumadora. Por ello la consultoría entrega un esquema del orden que el profesor debe seguir para completar con éxito el curso e-Learning. El siguiente es un ejemplo.

1. Completar la ficha técnica del curso.
2. Enviar la ficha técnica para revisión.
3. Envío a la consultoría del módulo 1 para revisión.
4. Crea los módulos en PowerPoint.
5. Crear los ejercicios en Word.
6. Crea la presentación en PowerPoint.
7. Crea el cierre en PowerPoint.
8. Envío de material a la consultoría para revisión final.

Metodología de trabajo

De los ejemplos propuestos puedes deducir que el diseño de un curso e-Learning requiere una metodología específica porque intervienen varios equipos y, como diseñador de un curso, se deben seguir los parámetros propuestos por la empresa contratante.

Base de datos de imágenes, vídeo y audio

A continuación te muestro un listado de sitios donde puedes encontrar recursos para tus cursos

Siempre verificar licencia y usos especialmente si son gratuitas

- Gratuita y de pago. Freepik http://www.freepik.es/ Actualmente una versión de pago muy interesante para uso comercial.
- Gratuita. http://es.freeimages.com/
- Gratuita. http://findicons.com Se especializa en iconos y es mejor si buscas en inglés.
- Gratuita. http://www.freevectorarchive.com En esta web es mejor buscar en inglés. Es una red especializada en imágenes vectoriales.
- De pago. http://sp.depositphotos.com
- De pago. http://www.istockphoto.com/
- De pago. http://www.shutterstock.com

Vídeos o audios

- Common Craft http://www.commoncraft.com/spanish-home. En esta web hay estupendos videos de formación.
- Para descargar videos de YouTube: ATube Catcher http://atubecatcher.es/
- http://footage.shutterstock.com/
- http://www.istockphoto.com/video

Herramientas gratuitas de creación de contenido.

Exelearning

eXeLearning es un programa libre y abierto bajo licencia GPL-2 para ayudar a los docentes en la creación y publicación de contenidos docentes, y que permite a profesores y académicos la publicación de contenidos didácticos en soportes informáticos (CD, memorias USB, en la web), sin necesidad de ser ni convertirse en expertos en HTML, XML o HTML5. *Fuente: https://es.wikipedia.org/wiki/Exelearning*

http://exelearning.org/

JClic

JClic es un entorno para la creación, realización y evaluación de actividades educativas multimedia, desarrollado en la plataforma Java. Es una aplicación de software libre basada en estándares abiertos que funciona en diversos entornos operativos: Linux, Mac OS X, Windows y Solaris.

http://clic.xtec.cat/es/jclic/

H5P

Es una herramienta gratuita de creación de actividades interactivas en html5. En su página puedes ver interesantes ejemplos de actividades que puedes realizar. Para utilización e instalación se requieren de ciertos conocimientos técnicos. H5P (a fecha de agosto 2014) se integra solo con Drupal 6 & 7, WordPress 3.8 o superior y Joomla 2.5.

http://h5p.org/

Audacity (audio)

Es un software gratuito para la grabación y edición de audio.

http://audacity.sourceforge.net/

FreeMind

Software gratuito para la creación de mapas mentales.

http://freemind.sourceforge.net/wiki/index.php/Main_Page

Geogrebra

Software y comunidad que permite la creación de contenido con interacción dinámica de geometría, álgebra, estadísticas y recursos de análisis y cálculo.

http://www.geogebra.org/cms/es/

Storybird

Herramienta de creación de historia creativa para lectores, escritores y educadores.

Funciona con cualquier clase y en cualquier dispositivo, y es gratuito para los profesores.

http://storybird.com/teachers/

Thinklink

Esta herramienta te permite añadir interactividad a tus vídeos y fotos. Es muy sencilla de utilizar. Tiene una versión gratuita y otra de pago.

https://www.thinglink.com/

Herramientas de pago de creación de contenido

Captivate

Captivate es un software de creación de contenidos interactivos para el eLearning. Pertenece a la familia Adobe y se integra muy bien con aplicaciones del mismo fabricante tales como Photoshop. Es un software sencillo de usar y al mismo tiempo tiene herramientas avanzadas para profesionales del desarrollo de contenido.

Se obtienen contenidos compatibles con dispositivos móviles sin necesidad de programar. Es ideal para transformar presentaciones de PowerPoint en atractivos cursos virtuales. Se pueden incluir personajes, voces, interacciones y cuestionarios. Los contenidos se pueden publicar en HTML5, scorm, vídeo entre otros formatos compatibles con múltiples LMS.

http://www.adobe.com/es/products/captivate.html

Camtasia

Es un software que permite la creación y edición de video. Es muy adecuado para la creación de screen recorder (tutoriales creados con la grabación de la pantalla del ordenador). Este software es uno de mis favoritos y lo utilizo frecuentemente para editar vídeos y crear cursos online. Muchas de las grabaciones de este curso están realizadas con Camtasia.

http://www.techsmith.com/camtasia.html

TvLearn

Es un software que te permite elaborar módulos de e-Learning en unos minutos.

http://es.e-doceo.net/software-e-learning/lcms/rapid-learning.php

Articulate - Storyline

Es un software muy consolidado en el mercado para la creación de contenidos e-Learning. Articulate tiene varios productos. Storyline es para la creación de contenido interactivo. Studio 13 es para la transformación rápida de Power Points en cursos.

https://www.articulate.com

iSpring

Es una solución de varios software de creación de contenidos, evaluaciones y un LMS. Está muy orientado al desarrollo de contenidos para móviles.

http://www.ispringsolutions.com

Autoevaluación 6

1. ¿Cuál es el tipo de estandarización de sistemas más común en la red?
2. ¿Quiénes intervienen en cada fase de la creación de contenidos?

7. Las redes sociales como herramienta para el aprendizaje

"Me ha sorprendido su buena calidad"

Víctor Rafael Sánchez. España.

Testimonio de uno de nuestros alumnos.

Recursos educativos en las redes sociales

La facilidad y la libertad que ofrecen las redes sociales a los usuarios para crear y compartir recursos, ha permitido acceder a valiosos recursos, tales como vídeos, documentos, presentaciones, gráfico, etc., que podemos utilizar con fines educativos.

Estos son ejemplos del uso que podemos hacer de dichos recursos:

- Para actualizar los contenidos de los cursos que estamos impartiendo.
- Para complementar y ampliar el contenido de la formación.
- Como ejemplos de casos reales o de éxito.
- Para la investigación por parte de los alumnos en un entorno utilizan a menudo.

Recomendaciones

Cuando utilices en tus clases vídeos, documentos, imágenes y otros recursos obtenidos de las redes sociales ten en cuenta las siguientes recomendaciones:

- No borres créditos.
- Cita la fuente.
- No modifique el material sin permiso.
- Fíjate en la licencia de uso.
- Pide permiso para usarlo si así lo indica el autor.
- Muchos de los recursos utilizan la licencia Creative Commons. En este enlace puedes obtener más información sobre esta licencia http://es.creativecommons.org/blog/licencias/
- Incorpora el recurso como parte del contenido del curso
- Da una breve explicación de que se trata el recurso.
- Si es un archivo en PDF, mejor descárgalo y súbelo a la plataforma para que se lo descarguen los alumnos. De este modo te garantizas que el documento estará disponible. Dependiendo de tu plataforma incluso podrás tener un control del número de descargas del fichero (archivo).
- Utiliza recursos que no requieran que el usuario se registre para visualizarlos.
- Mantente al día en las novedades tecnológicas de recursos educativos que vayan saliendo.

> Participa en las redes sociales creando y compartiendo recursos. No solo es recibir, también hay que dar.

Redes sociales y tipos de recursos

Vídeos

YouTube

Es la red social de vídeos por excelencia. Podrás navegar por millones de vídeos, seguro que encuentras alguno interesante para tu clase.

http://www.youtube.com

Vimeo

Es una red social en la cual encontrarás millones de vídeos. Tiene herramientas de pago que no tiene YouTube. Por ejemplo: te permite restringir el embed o inserción de vídeos a ciertos dominios. Esto es muy útil sobre todo para la creación de contenidos que quieres que sea privado.

http://www.vimeo.com

Presentaciones

Scribd

Scribd es un sitio web para compartir documentos de diversos formatos. Los podrás insertar, compartir o visualizar en la web. Si quieres descargar tendrás que optar por la opción de pago. Para visualizar los documentos completos deberás registrarte, explícaselo a tus alumnos para que se registren.

http://es.scribd.com

Google Books

Es una gran base de datos de libros existentes en el mercado. Puedes ver una previsualización de libros parciales o ver libros completos.

http://books.google.es

SlideShare

Es una red social muy sencilla de usar. Tiene muchísima información. Principalmente encontrarás presentaciones tipo Power Point.

Muchos profesores las utilizan para compartir con los alumnos las diapositivas de sus cursos presenciales o grabaciones de YouTube. Algunas presentaciones las puedes descargar.

http://www.slideshare.net

SlideBoom

Es una web que permite crear y compartir presentaciones.

https://www.slideboom.com

Issuu

En esta web puedes publicar y encontrar documentos tipo revistas, folletos y libros.

http://issuu.com

Imágenes e infografías

Flickr

Es una red social con varios años en el mercado y con una gran cantidad de fotografías. En algunas imágenes se muestra la información de técnica de la foto. Cuando vayas a utilizar una fotografía fíjate en el tipo de licencia de la imagen antes de usarla.

https://www.flickr.com

Pinterest

Es una red social de imágenes muy popular. Está llena de infografías, tutoriales y explicaciones gráficas.

http://www.pinterest.com

Autoevaluación

1. Menciona 4 usos de los recursos que puedes encontrar en las redes sociales.
2. Nombra 2 redes sociales para compartir imágenes.

8. Modelos e instrumentos para la evaluación del aprendizaje

"El curso ha superado las expectativas que tenía previstas para el mismo. La calidad-precio del curso es más que óptima"

Lara Suarez Zabala. España.

Testimonios de una de nuestras alumnas.

"La acreditación es de carácter académico-administrativo, mientras que la evaluación y la calificación son de carácter estrictamente académico, se refieren al tipo y nivel de los aprendizajes logrados.

La evaluación comporta una valoración, se refiere a la calidad. La calificación permite una cuantificación, se refiere a la cantidad. Al valorar se deben tomar en cuenta varios elementos subjetivos, por ejemplo: opiniones, sentimientos, percepciones. La medición refiere únicamente elementos observados y cuantificados. Así es posible evaluar y acreditar sin que existan calificaciones de por medio." Argudín, Y. y Luna, M. (2007)

"Dar una nota es evaluar, hacer una prueba es evaluar, el registro de las notas se denomina evaluación. Al mismo tiempo varios significados son atribuidos al término: análisis de desempeño, valoración de resultados, medida de capacidad, apreciación del "todo" del alumno". Hoffman, J. (1999)

¿Qué podemos evaluar al alumno?

En el ámbito educativo podemos evaluar al alumno, al profesor o tutor y al proceso de enseñanza-aprendizaje. Nos enfocaremos en evaluar al alumno en los siguientes aspectos:

- Conocimientos.
- Habilidades.
- Capacidades o destrezas.
- Actitudes.
- Aptitudes.
- Intereses y expectativas.

Tipos de evaluaciones

Las evaluaciones en el ámbito educativo las podemos clasificar de diversas formas:

- Según el enfoque metodológico.

- Según la ubicación de los agentes de evaluación.
- Según el ámbito de acción.
- Según su propósito.
- Según la participación de los agentes de evaluación.
- Según el momento.

Para el estudio de los instrumentos de evaluación nos centraremos en la clasificación "Según el enfoque metodológico" que consta de evaluaciones cualitativas, cuantitativa y cuali-cuantitativas.

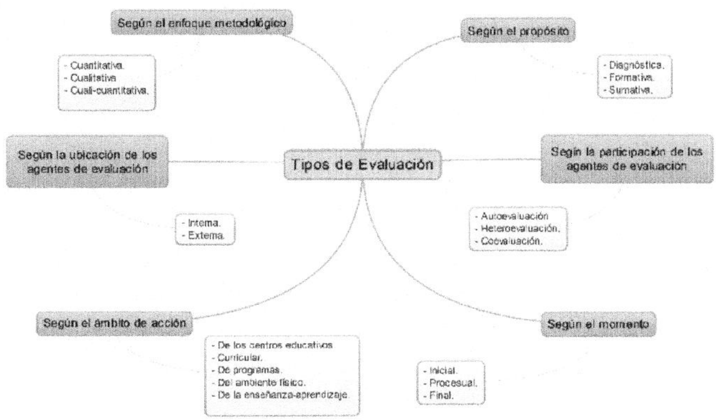

Fuente de los textos http://www.slideshare.net/marialuz73/tipos-de-evaluacin-26385503

¿Qué debes tomar en cuenta antes de evaluar?

Cuando llevas a cabo una actividad formativa, es necesario que compruebes constantemente si tus alumnos están logrando los objetivos previstos en el curso. Para ello se hace uso de las pruebas o evaluaciones de conocimiento, o como lo llamaría la profesora de mi hija "controlitos". Estas se emplean para determinar si el alumno está alcanzando los objetivos asociados a cada lección. Generalmente se realizan por módulos o unidades de aprendizaje y se emplean métodos o instrumentos que garanticen la fiabilidad y validez de dichas evaluaciones.

Es necesario que a la hora de evaluar utilicemos un proceso metodológico que nos permita determinar de forma objetiva si el alumno cumple o no con los objetivos asociados a cada módulo. A continuación verás algunas preguntas que debes responder antes de realizar una evaluación.

¿A quién vamos a evaluar?

Empieza contestando preguntas sencillas como cuáles son las edades de tus alumnos, cuáles son sus objetivos al realizar el curso. Las respuestas a estas preguntas determinarán qué métodos o instrumentos debes emplear. Si por ejemplo les das clases de idiomas a niños con edades comprendidas entre 4 y 6 años, seguramente debas usar herramientas dinámicas, coloridas y que se basen en el juego. Si en cambio, llevas a cabo un curso de primeros auxilios, la comprobación de conocimientos debe ser mucho más práctica. A veces, algo tan sencillo como saber quiénes son tus alumnos te ayudará a concretar si pueden hacer una evaluación con un test autocorregible o si debes utilizar una evaluación interactiva donde haya un vídeo.

¿Qué se evalúa?

Evaluaremos los resultados del aprendizaje. Estos resultados pueden referirse a conocimientos, destrezas y/o habilidades que los alumnos debieron obtener o mejor con cada lección.

Si evalúas un *concepto, principio, hecho o teoría*, estarás evaluando **conocimientos**. Si tu interés como docentes es determinar *la capacidad para aplicar un conocimiento, utilizar un* *método, técnica o teoría*, evalúas una **destreza**. Mientras que si tu interés es valorar *una conducta que emplee un conocimiento o un modo de actuar influido por valores, normas o actitudes*, evalúas una **habilidad**. Tener claro qué quieres evaluar dentro de estas categorías te llevará a preguntarte cómo hacerlo.

¿Quién evalúa?

Por lo general evalúa el mismo personal docente encargado del proceso de aprendizaje, sin embargo hay excepciones en las cuales agentes externos son los encargados de medir los conocimientos.

Un buen ejemplo de esto son los exámenes para ingresar a las universidades, o exámenes para certificar el nivel de un idioma. En este caso, un grupo de docentes se encargan de la actividad formativa para preparar al alumno ante una prueba en otra institución. Es adecuado simular cómo será el entorno real de evaluación. De modo que el alumno pueda estar preparado para aprobar dichos exámenes.

¿Qué prueba debes emplear?

La modalidad del aprendizaje, ya sea presencial, e-Learning o a distancia es determinante para saber qué tipo de evaluación debes llevar a cabo. Además, datos claves como saber si cuentas con los recursos materiales, humanos, económicos y temporales necesarios para la evaluación te ayudarán a determinar la factibilidad de uno u otro tipo de evaluación.

Paralelamente a la escogencia de la prueba debes determinarás cómo analizarás los resultados, eso te permitirá garantizar un plan de recolección de datos que proporcione la información necesaria.

¿Cuándo evaluarás?

Una vez concreto qué, cómo, a quién y quiénes evaluarán es el momento de especificar cuándo se llevará a cabo la evaluación. Quizá quieras hacer una evaluación continua o esperar terminar el curso para emplear una prueba final.

Instrumentos de evaluación y su uso potencial de la tecnología

Instrumentos de evaluación	Uso potencial de la tecnología
Pruebas objetivas (exámenes cerrados)	ALTO: El sistema evaluativo puede ser completamente automatizado (desde el diseño, la corrección y los informes.
Pruebas con preguntas abiertas (ensayos, respuestas cortas, etc.)	BAJO: Requiere interpretación de palabras claves, frases, etc. (procedimientos de análisis de contenido)
Exámenes prácticos (tareas experimentales, simulaciones, observación, etc.)	MEDIO: La tecnología permite guardar datos, analizar y generar informes.
Exámenes orales (ante un jurado)	BAJO: La videoconferencia puede ayudar.
Proyectos o documentos (casos de estudio, diagnósticos, investigaciones, etc.)	BAJO/MEDIO/ALTO: depende del tipo de contenido.
Autoevaluaciones.	ALTO: el proceso se puede hacer totalmente automatizado, con incorporación de retroalimentación,
Portafolios	BAJO/ALTO: depende de la organización de los contenidos a ser evaluados, y el procedimiento de corrección del tipo de contenido.

Fuente: Rodríguez, M. y Herrera, M. (2005)

Instrumentos de evaluación y herramientas en plataforma de formación

Instrumentos de evaluación	Herramienta en la plataforma de evaluación
Pruebas objetivas (exámenes cerrados)	Cuestionarios
Pruebas con preguntas abiertas (ensayos, respuestas cortas, etc.)	Cuestionarios, consultas, chat.
Exámenes prácticos (tareas experimentales, simulaciones, observación, etc.)	Tareas, wiki, taller, foro.
Exámenes orales (ante un jurado)	Videoconferencia
Proyectos o documentos (casos de estudio, diagnósticos, investigaciones, etc.)	Tareas, wiki, taller, foro.
Autoevaluaciones.	Cuestionarios
Portafolios	Galerías, portafolios, wiki.

Fuente: Rodríguez, M. y Herrera, M. (2005)

Autoevaluación 8

1. ¿Qué podemos evaluar en un alumno?
2. ¿Cómo se clasifican las evaluaciones?
3. ¿Con qué herramienta puedes hacer un examen oral en un entorno virtual?

9. Informes en las plataformas de formación

"Un curso ideal para iniciarse en el manejo de cursos e-learning"

Francisco Bermejo Díaz. España.

Testimonio de uno de nuestros alumnos.

Imagina qué sería de la educación sino recibieras las calificaciones escolares o información sobre tu rendimiento en tus estudios o el de tus hijos en el colegio. Seguramente, tendríamos pocas ideas para orientar tus esfuerzos en función del resultado obtenido. Los informes son indispensables en la educación presencial y lo mismo ocurre en el e-Learning.

La ventaja de usar plataformas de formación online es que se registran todas las actividades que realizan los alumnos, tú e incluso los administradores de la plataforma.

Este registro se refiere a: lectura o visualizaciones de contenidos, envío y lectura de mensajes, participación en foros, descarga de material, etc.

¡Todo queda registrado en la plataforma!

Quizá pienses que esta es una información muy técnica o que no tiene significado para ti como docente pero no es así. Por eso queremos compartir contigo algunos motivos por las que deberías revisar y utilizar los informes.

Te permiten sacar conclusiones del curso

En los informes de las plataformas online puedes ver si tus alumnos revisan el material y cuánto tiempo permanecen en cada lección. Gracias a esto puedes hacerte una idea de qué material resulta atractivo, cuál no, qué requiere mayor tiempo de estudio, si el mismo es muy largo o pesado. De esta forma podrás orientar a tus alumnos para que concluyan de la mejor forma el curso. Cambia las lecciones tediosas o rediséñalas para hacerlas atractivas.

Facilitan la segmentación de alumnos

En los informes puedes ver cuáles y cuántos alumnos van en determinadas lecciones, las últimas conexiones, y qué acciones están haciendo. En la parte de informes puedes seleccionar el módulo (chat, actividades, foros), el período sobre el que deseas hacer el informe, tipo de usuario (en este caso estudiantes) y actividad para obtener una lista que puedes usar para enviar un correo masivo. Quizá quieras motivarlos o felicitarlos.

Permiten hacer un seguimiento de los alumnos

Si detectas que un alumno no ha ingresado en la plataforma desde hace un tiempo, o compruebas que a pesar de entrar, no progresa, puedes hacerle un seguimiento. Quizá consideres que debes enviarle un correo preguntándole si tiene una dificultad técnica o en su aprendizaje, recordándole que el curso va a terminar o motivándolo para que siga progresando en el curso.

Te ayudan a generar informes para terceros

En la formación online los informes son indispensables porque, como profesor, no solo necesitas llevar un registro de la actividad de tus alumnos y en algunos casos el seguimiento de otros docentes.

Puede ser la empresa para la cual trabaja tu estudiante y ellos requieren de cierta información que a veces no compete a los aspectos académicos de la formación sino a términos más técnicos como saber cuál es el tiempo que sus empleados están utilizando para realizar el curso. Si lo están cumpliendo en un horario laboral o no y si las sesiones las están llevando a cabo desde los ordenadores de la empresa o los suyos particulares.

En los informes de las plataformas puedes ver los horarios de ingreso en las plataformas y la dirección IP desde donde se conectan.

Tener un registro de cada clic que realizan tus estudiantes es sin duda una ventaja que tiene el e-Learning sobre la educación presencial. Así que no dudes en utilizar los informes para mejorar la calidad de tus clases.

Autoevaluación 9

1. ¿Cuáles son las ventajas de los informes en el e-Learning?

10. M-Learning y serious games

"Me ha parecido que los contenidos son adecuados, los videos cortos que facilitan la atención y el aprendizaje"

Verónica Lorente. España.

Testimonio de una de nuestras alumnas.

M-Learning

Según la Wikipedia (2015) se denomina ***"M-learning, a una metodología de enseñanza y aprendizaje valiéndose del uso de pequeños dispositivos móviles, tales como: teléfonos móviles, PDA, tabletas, PocketPC, iPod y todo dispositivo de mano que tenga alguna forma de conectividad inalámbrica."***

Cada día y con la importante penetración en nuestras vidas de estos dispositivos es impensable que la formación e-Learning solo se pueda llevar a cabo desde un ordenador.

Con el avance de la tecnología tanto a nivel de software (HTML5, diseño responsive), de hardware (Smartphones cada día mas potentes, y por supuesto tablets) y de conectividad (3G y 4G). Ahora es posible contar con contenidos educativos que se pueden utilizar desde dispositivos móviles.

Para el alumno es sumamente cómodo formarse con la sola utilización del móvil o tablet. Existen miles de App de cursos tanto para Android como para Apple. Por lo que el M-Learning no ha hecho mas que empezar.

Desde un punto de vista técnico los contenidos los clasificaremos en:

- Responsive: contenidos que se pueden utilizar desde cualquier medio: ordenadores, móviles y tablets.
- Mobile: contenidos que se utilizan solo desde móviles y tablets.

Si nos decidimos desarrollar M-Learning tendremos en cuenta aspectos como el sistema operativo desde el que se visualizará. ¿Se visualizará en Android, Apple, Windows?

Una clave a la hora de desarrollar una App de formación es usar funcionalidades tales como: el GPS, la cámara, acelerómetros, etc. Que hará que la formación sea dinámica y diferente a lo que se puede hacer en un ordenador.

Ejemplo de curso en el móvil

Te recomiendo que descargues aplicaciones educativas en tu móvil y las pruebes. Es el mejor modo de conocer las tendencias, cómo funcionan, su potencial.

Juegos formativos

Según la definición que encontramos en la Wikipedia: los "juegos serios" (del inglés "serious game"), también llamados "juegos formativos", son juegos diseñados para un propósito principal distinto del de la pura diversión. Normalmente, el adjetivo "serio" pretende referirse a productos utilizados por industrias como la de defensa, educación, exploración científica, sanitaria, urgencias, planificación cívica, ingeniería, religión y política.

El alumno se involucra en la acción, igual que cuando juegas en un videojuego. Por ello son muy efectivos y permiten hacer simulaciones bastantes avanzadas de la realidad.

De acuerdo a la clasificación e-Learning e2c de e-Doceo los serious games son los contenidos que requieren un mayor nivel de guionización y producción multimedia. Por lo cual de todos los tipos de contenidos que podemos desarrollar es el más complejo y costoso.

La clasificación e-Learning nos indica que en la guionización

- Se sitúa al alumno en el corazón del guión cinematográfico y se basa en un principio de búsqueda o de juego.

En la producción multimedia se requiere la realización de ilustraciones y de animaciones complejas en 3D y/o que integren secuencias de vídeo complejas (ej.: reportaje).

Videojuegos

El desarrollo de serious games y videojuegos va de la mano. Si quieres especializarte en serious games te recomiendo que te formes en áreas como la gamificación, la creación multimedia y de videojuegos. Claro sin olvidar la parte metodológica de la formación.

Actividad

Busca desde tu móvil en Google Play o Apple Store una app que te ayude a aprender algo nuevo.

- Comienza escribiendo "curso de... (lo que quieras aprender por ejemplo 'curso de maquillaje').
- Luego la instalas y la pruebas.

Solución a las autoevaluaciones

Estas respuestas son orientativas, tus respuestas pueden ser diferentes.

1. El e-Learning hoy

1. Mencione las ventajas del e-Learning sobre la educación presencial:
    - Disponibilidad en varios idiomas.
    - Participación desde cualquier parte del mundo.
    - Gestión del conocimiento.
    - Rápida actualización de conocimientos.
    - Herramientas tecnológicas avanzadas.
    - Trabajo colaborativo.
2. Indique las desventajas del e-Learning sobre la educación presencial:
    - Necesidad de conocimientos técnicos y acceso a tecnología.
    - Desmotivación y autogestión del conocimiento.
    - Necesidad de desarrollo de contenidos.
    - Homogenización de contenidos.
3. Describa un ejemplo de un curso en el que sea conveniente usar el blended Learning.

El b-learning se podría usar en el caso de un curso de diseño gráfico. En este caso, de forma presencial el profesor explica el contenido y responde a las realizadas por los alumnos. Mientras que en las plataformas e-Learning los alumnos acceden a las evaluaciones que deben realizar, envían los trabajos al profesor y plantean preguntas para que sean contestadas en la clase presencial.

2. El formador o tutor

1. ¿Por qué es fundamental que seas estudiante e-Learning antes de convertirte en tutor-formador en esta modalidad?
    - Para entender lo que sienten y necesitan los alumnos cuando hacen una formación online.
2. ¿Cuáles son las funciones del tutor-formador?
    - Gestionar contenido.
    - Tutorizar.
    - Evaluar.
3. ¿Cuáles son los conocimientos que deberías tener en el aspecto técnico para ser un tutor-formador online?
    - Manejo con fluidez de medios para la comunicación.
    - Manejo de plataformas y herramientas e-Learning.
    - Manejo de herramientas que permitan diseñar contenidos.

3. Bases pedagógicas del e-Learning

1. Menciona 3 aspectos del método constructivista
    - El aprendizaje es activo, no es una memorización de lo recibido, es una reconstrucción de la información donde la información nueva es integrada a la ya existente.
    - El docente es un facilitador del aprendizaje en cuanto al desarrollo académico y personal. El alumno es el responsable de su aprendizaje.
    - La planificación de enseñanza es un esfuerzo organizativo y cognitivo del tópico a tratar por parte del docente, mientras el alumno participa cooperativamente en comprensión, reflexión y aplicación de los temas de estudio.
2. Nombre 3 actividades educativas para realizar en las redes sociales.
    - Seguimiento.
    - Cadáver exquisito.
    - Entrevistas.

3. ¿Cuáles son los principios o criterios usar en la metodología e-Learning?
    - Considerar siempre las necesidades específicas de la población a atender.
    - Orientar y apoyar al participante a lo largo de la formación.
    - Aplicar criterios de usabilidad (mejor más sencillo y amigable).
    - Fomentar el "saber hacer" y la transferencia de conocimientos.
    - Estimular la atención, la cooperación, la comprensión, autoevaluación y la continuidad de la participación.
    - Mostrar diversos caminos y valoración de talentos para el logro de objetivos propuestos.
    - Considerar los recursos y dispositivos tecnológicos disponibles de la población objetivo.

4 La Plataforma de Formación LMS

1. ¿Cuáles son las características de la plataforma de formación?
    - Interactividad.
    - Flexibilidad.
    - Estandarización.
    - Escalabilidad.
    - Usabilidad.
    - Funcionalidad.
2. ¿Cuál es la principal diferencia entre plataformas comerciales o propietarias y las plataformas libres?
    - Que en las plataformas libres tienes acceso al código fuente mientras en las plataformas propietarias, no.

5. Herramientas en el e-Learning

1. ¿Cuáles son los tipos de foros?
    - Debate sencillo.
    - Foro de uso general.

- Cada persona plantea un tema.
- Foro P y R (Preguntas y respuestas).
- Foro general con formato de Blog.

2. ¿Cuál es la principal diferencia entre la herramienta chat y los mensajes?
    - El chat es sincrónico, la mensajería es asincrónica.
3. ¿Qué estrategias actividades puedes realizar en las wikis?
    - Monografías.
    - Apuntes.
    - Contribuir en otros wikis.
    - Listas.
    - Cuentos.
4. ¿Qué nos permite las herramientas para la administración?
    - Administrar los cursos: crearlos, fijar comienzo y finalización, asignar permisos, entre otras funciones.
    - Gestionar al alumnado: dar de alta y baja a los alumnos.
    - Gestionar al recurso humano: dar de alta y baja a profesores, colaboradores, desarrolladores de contenidos, etc.
    - Expedir certificados, diplomas o cualquier titulación que vaya vinculada con la aprobación del curso.
    -

6. Contenidos e-Learning

1. ¿Cuál es el tipo de estandarización de sistemas más común en la red?
    - SCORM (Shareable Content Referente Model)
2. ¿Quiénes intervienen en cada fase de la creación de contenidos?
    - En la fase 1 y 3 interviene la consultora, en la fase 2, el docente.

7. Las redes sociales como herramienta para el aprendizaje

1. Menciona 4 usos de los recursos que puedes encontrar en las redes sociales.
    - Actualizar los contenidos de los cursos que estamos impartiendo.
    - Complementar y ampliar el contenido de la formación.
    - Como ejemplos de casos reales o de éxito.
    - Investigación por parte de los alumnos en un entorno que les he conocido.
2. Nombra 2 redes para compartir imágenes.
    - Flickr.
    - Pinterest.

8. Modelos e instrumentos para la evaluación del aprendizaje

1. ¿Qué evaluamos en un alumno?
    - Conocimientos.
    - Habilidades.
    - Capacidades o destrezas.
    - Actitudes.
    - Aptitudes.
    - Intereses y expectativas.
2. ¿Cómo se clasifican las evaluaciones?
    - Según el enfoque metodológico.
    - Según la ubicación de los agentes de evaluación.
    - Según el ámbito de acción.
    - Según su propósito.
    - Según la participación de los agentes de evaluación.
    - Según el momento.
3. ¿Con qué herramienta puedes hacer un examen oral en un entorno virtual?

- Con las videoconferencias.

9. Informes en las plataformas de formación

1. ¿Cuáles son las ventajas de los informes en el e-Learning?

- Te permiten sacar conclusiones del curso
- Facilitan la selección de alumnos
- Permiten hacer un seguimiento de los alumnos
- Te ayudan a generar informes para terceros

Referencias

- Wikipedia (2015) Aprendizaje electrónico. https://es.wikipedia.org/wiki/Aprendizaje_electr%C3%B3nico
- Mérou, R. (2010) Information Systems Consulting http://florent.xicluna.free.fr/en/
- Bovee and Thill (2012) The Conversation: The Art of Listening, Learning, and Sharing on Social Media https://es.pinterest.com/pin/164944405072172328/
- Argudín, Y. y Luna, M. (2007) ¿Qué es evaluar? http://hadoc.azc.uam.mx/evaluacion/queesevaluar.htm
- Hoffman, J. (1999) La evaluación: mito y desafío: una perspectiva constructivista, Mediaçäo, Porto Alegre.
- Alonso, M., Armas, S. y Contreras, M. (2013) http://www.slideshare.net/marialuz73/tipos-de-evaluacin-26385503
- Rodríguez, M. y Herrera, M. (2005) Assessment Processes in Telearning Programmes. Education Virtual Space in Practice. The Odiseame Approach. Barcelona: Ariel, pp. 161-178
- Wikipedia (2015) Aprendizaje electrónico móvil. https://es.wikipedia.org/wiki/Aprendizaje_electr%C3%B3nico_m%C3%B3vil

¿Quieres contactarme?

Sería genial que pudiéramos estar en contacto. Te dejo los datos de mis webs y redes sociales donde puedes localizarme.

- **e-Learning Fácil →** www.elearningfacil.com
- **Consultoría Web Rosiris.com →** www.rosiris.com

Mi canal de Youtube

www.youtube.com/anarosiriscastro

Twitter

@rosiriscom

Facebook

www.facebook.com/rosiriscom/

www.facebook.com/elearningfacil/

SlideShare

www.slideshare.net/anarosiris

Linkedin

www.linkedin.com/in/rosiris

Un fuerte abrazo y gracias por comprar este libro :)

Ana Rosiris.